노년부
성경공부
Ⅲ-2

노년을 위한 성경의 파노라마

# 말씀 청춘

JN434788

대한예수교장로회총회교육자원부 편

한국장로교출판사

# 머리말

노년을 대상으로 한 성경공부 교재인 "말씀청춘" 시리즈를 출판하게 됨을 하나님 앞에 감사드린다.

지금까지 많은 이들이 교회학교를 영아부부터 청년부까지만이라고 오해하는 경우가 종종 있어 왔지만 실제로 교회학교는 모든 연령대를 포함하는 교회의 교육목회를 담당하여 왔다. 더군다나 100세 시대인 요즘 교회학교는 장년부와 노년부를 포함하여 모든 연령대를 교회학교의 범주에 편입시키고 있다. 이런 면에서 노년부 성경공부 교재인 "말씀청춘" 시리즈의 출간은 교회학교 내에 노년부가 신앙적으로 건강하게 운영되도록 돕게 될 것이다.

우리 총회는 노년부 교재를 다양하게 계속해서 개발하였다. "하늘향기" 시리즈와 "하늘잔치" 시리즈가 그 대표적인 교재들이다. 그리고 이번에 성경의 파노라마로 펼쳐지는 "말씀청춘" 시리즈가 새롭게 출간되었다.

교재가 나오기까지 수고하여 주신 분들에게 감사드린다. 성경의 파노라마 감수와 요목을 위해 수고해 주신 류영모 목사와 홍정근 목사께 감사드리며 바쁘신 가운데도 좋은 글로 함께해 주신 집필자 여러분들께도 깊은 감사를 드린다. 본 교재가 나오기까지 전체 기획과 편집을 위해 수고하신 총회교육자원부 실장 이진원 목사와 강푸름 목사 그리고 한국장로교출판사 사장 채형욱 목사와 직원 여러분에게도 감사를 드린다.

2020년 7월

총회교육자원부 총무

**김명옥** 목사

# 말씀청춘 둘러보기

### 둘러보기1. 어떻게 구성되었나요?

노년기의 관점에서 신구약 성경 전체를 구속사적 흐름을 따라 바라볼 수 있도록 학기당 20과씩 총 120과로 진행되어 말씀 안에서 지속적인 신앙성장에 도움이 되도록 했습니다.

각 과는 네 단계의 과정으로 되어 있고 30분~40분 동안 진행할 수 있습니다. 각 과는 "오늘의 믿음 구호"를 외치고 오늘의 말씀을 읽고 함께 찬송을 부르며 시작합니다. 구성은 다음과 같습니다.

1. **생각으로의 초대** 예화를 통해 자신의 삶을 돌아보고 마음을 엽니다.
2. **말씀으로의 초대** 말씀 속에서 하나님의 뜻을 발견합니다.
3. **삶으로의 초대** 말씀을 우리의 삶에 적용하고 실천할 수 있는 활동을 함께 나눕니다.
4. **기도로 아뢰기와 주기도** 깨달은 말씀을 마음에 새기며 하나님의 도우심을 구합니다.

### 둘러보기2. 어떤 내용을 다룰까요?

노년부 교재라는 특성을 고려하여 아래와 같은 내용을 선정하여 다루고 있습니다.

1. 성경 전체를 구속사의 관점에서 바라볼 수 있도록 하였습니다.
2. 성경의 연대기를 반영하여 쉽게 이해하도록 하였습니다.
3. 성경인물의 이야기와 삶을 다양하게 반영하였습니다.
4. 삶의 지혜를 담고 있는 본문을 중심으로 합니다.
5. 전반기는 사순절과 부활절, 후반기는 추수감사절과 성탄절 절기를 반영하였습니다.

## 둘러보기3. 어떻게 활용할까요?

본 교재는 실제 삶의 예화를 통해 서로 진솔하게 이야기를 나누고, 성경을 통하여 우리의 모습을 성찰하고 결단하여 깨달은 내용을 실천할 수 있도록 쓰였습니다. 각 교회의 사정에 따라 효율적으로 활용할 수 있는 다양한 방법을 다음과 같이 제안합니다.

### 1. 소그룹으로 나누어 진행해요.

* 5–7명이 한 개의 소그룹을 이루면 가장 좋습니다.
* 서로 비슷한 연령대의 사람들을 같은 소그룹에 편성해 주면 서로 공감대를 형성하는 데 도움이 됩니다.
* 그룹원 중에 역할을 나누어 줍니다.
  ① 조장 : 전체공지사항 전달, 단체 SNS 활성화
  ② 도우미 : 간식준비, 사진관리, 모임장소, 준비물 확인

### 2. 40주로 나누어 진행해요.

1년 동안 동절기 하절기를 뺀 40주간 매주 1회 진행할 수 있도록 구성하였습니다. 교회에 사정에 따라 유동적으로 진행하시기 바랍니다. 하절기에는 노년 여름성경학교 특별교재 「노년만만세」(총회교육자원부 편)를 활용합니다.

### 3. 온라인 SNS를 활용해요.

* 함께 성경공부와 QT를 함께 나눈다는 마음으로 동참합니다.
* 도움이 되는 찬양이나, 서적, 신문 기사나 동영상을 올려 줍니다.
* 매일 한 명씩 담당자를 정해 기도문이나 찬양을 올리도록 합니다.
* 공지사항을 전달하거나 확인합니다.
* 가정에서의 실천사항을 인증샷이나 후기로 올려 구성원들과 공유합니다.
* 함께하는 사람들과 시간을 정하여 중보기도 모임을 갖습니다.

### 4. 서로를 위해 기도하며 진행해요.

<table>
<tr><th>이름</th><th colspan="4">함께 품고 함께 기도해요.</th></tr>
<tr><td rowspan="3"></td><td>가족</td><td></td><td>가족 연락처</td><td></td></tr>
<tr><td>연락처</td><td></td><td>메일주소</td><td></td></tr>
<tr><td>기도제목</td><td colspan="3"></td></tr>
</table>

**5. 이것만은 꼭 약속해요!**

모임의 원활한 진행과 활성화를 위해 다음의 다섯 가지 약속을 함께 다짐하며 힘차게 출발합시다. 추가로 더 약속을 정하여도 좋습니다.

나 ____________는 성경공부에 다음과 같이 성실히 임할 것을 약속합니다.

20 년 월 일

| 내 용 | 서약 |
|---|---|
| 약속1 모임시간 지키기 | |
| 약속2 마치는 시간 지키기 | |
| 약속3 주제에서 벗어난 내용은 자제하기 | |
| 약속4 진실되게 말씀 앞에 마음을 오픈하기 | |
| 약속5 함께 나눈 대화내용은 절대! 비밀 보장하기 | |

다섯 가지 약속과 함께 행복한 말씀청춘이 되기 위해 함께 읽도록 합니다.

**우리는 행복한 말씀청춘!**

1. 다양한 사람들이 한 성령님 안에서 아름다운 공동체를 이룹니다.
2. 기쁜 일, 슬픈 일이 생겼을 때 자기 일같이 나서서 서로를 챙깁니다.
3. 모일 때마다, 서로의 기도 제목을 내어 놓고 기도합니다.
4. 모일 때마다, 서로 격려하고 칭찬합니다.
5. 모일 때마다, 세상 이야기보다 영적인 이야기에 집중합니다.
6. 모일 때마다, 말씀을 배우려는 마음의 자세를 가집시다.
7. 모일 때마다, 참석하지 않은 분의 가정 분위기를 파악하고 대처합니다.
8. 모일 때마다, 새로 온 분이나 믿음이 어린 분을 항상 배려합니다.
9. 모일 때마다, 함께 성경공부하는 분들의 영적 성장과 건강을 위해 기도합니다.
10. 모일 때마다, 참석한 모든 사람이 한 마디 이상씩 자신의 생각을 이야기하도록 합니다.

# 차례

# 제1과 승천하시는 예수님

주안점 / 하늘로 올라가신 예수님의 마지막 명령인 복음을 증거하는 증인으로 살아야 합니다.

**오늘의 믿음구호 외치기! _ "우리도 복음의 증인으로 삽시다!"**

**★ 본문말씀 _ 사도행전 1:6~11**

"오직 성령이 너희에게 임하시면 너희가 권능을 받고 예루살렘과 온 유대와 사마리아와 땅끝까지 이르러 내 증인이 되리라 하시니라"(8절).

**★ 함께 부르는 찬송 _ 찬송가 451장 5~6절**

5. 예수 승천하셔서 영광받으심 보고 너도 영광받을 줄 믿고 섬겨라
6. 예수 다시 오셔서 상을 주실 줄 믿고 너도 상을 얻도록 참고 참으라

## 생각으로의 초대

해발 830m의 감람산에는 정상까지 아랍인들의 집들이 빼곡하게 들어선 마을이 있습니다. 차도를 따라 조금 올라가게 되면 오른쪽으로 높은 돌담을 쌓은 건물을 만날 수 있습니다. 담장 안에 지름 3~4m쯤 되는 3단으로 8각형 형태로 돌을 쌓아 세워진 건물이 바로 승천교회(The Church of the Ascension)입니다. 귀족 출신의 부인 포메니아(Pomenia)는 예수님이 승천하신 장소로 알려진 이곳에 A. D. 387년, 예수님의 승천을 기념하는 예배당을 건축했습니다. 이 예배당에는 예수님께서 승천하실 때 남겨 놓았다는 예수님의 오른쪽 발자국이 찍힌 돌이 땅에 놓여 있습니다. 특히 이 교회의 천장은 막혀 있지 않고 뚫려 있는데, 그 이유는 예수님이 승천하시기 전에 약속하신 대로 재림하실 때 하늘로부터 이곳으로 오실 것을 믿기 때문입니다.

### 다른 사람에게 예수님의 부활, 승천, 재림을 어떻게 전할 수 있을까요?

하나님은 □□□ 당신이 천국에 가기를 원하십니다.

## 말씀으로의 초대

### 1. 예수님은 승천하시기 전까지 제자들이 복음을 전하기 원하셨습니다.

십자가에서 돌아가신 예수님은 3일 만에 부활하셨습니다. 부활하신 예수님은 승천하기 전 40일 동안 이 세상에 계시면서 많은 사람에게 나타나 보이셨습니다. 그렇다면 예수님이 이들에게 자신을 보여 주신 이유는 무엇일까요? 그것은 예수님이 분명히 죽음에서 부활하셨을 뿐 아니라, 부활을 믿는 사람들이 복음을 전하며 부활의 증인으로 살 것을 촉구하기 위해서였습니다.

오늘 본문은 예수님이 이 세상을 떠나 하늘로 올라가기 직전의 상황을 기록하고 있습니다. 제자들에게 예수님이 마지막으로 하신 말씀은 역시 복음 전파에 관한 것이었습니다. 예수님은 이제 새롭게 시작되는 하나님 나라의 일을 말씀하시면서 제자들에게 그리스도의 증인으로 살 것을 부탁하셨습니다. "오직 성령이 너희에게 임하시면 너희가 권능을 받고 예루살렘과 온 유대와 사마리아와 땅끝까지 이르러 내 증인이 되리라 하시니라"(8절). 따라서 예수 그리스도의 십자가와 부활을 확신하고 있는 사람은 '복음의 증인'이라는 의식을 갖고, 예수님께서 남기신 마지막 말씀에 순종하며 살아야 합니다. 즉, 그리스도의 제자들은 복음을 전하기 위해 있는 자리에서 과감히 일어나 세상으로 나가야 합니다.

### 2. 승천하신 예수님이 주와 그리스도이심을 믿고 재림을 기다려야 합니다.

제자들에게 복음 전파의 사명을 맡긴 예수님은 제자들이 보는 가운데 하늘로 올려졌고, 구름이 예수님을 가려 보이지 않게 했다고 본문은 기록합니다. 예수님이 승천하실 때 이를 지켜보던 제자들 옆에 흰옷을 입은 두 사람이 예수님이 하늘로 올라가신 그대로 다시 이 세상에 오실 것이라고 말했습니다. 기독교 신앙의 핵심은 예수 그리스도의 십자가, 부활, 승천과 재림에 있습니다. 예수 그리스도는 십자가 위에서 돌아가셨다가 3일 만에 부활하시고 승천하심으로써 죄와 죽음에서 해방되어 온전히 승리하셨습니다. 그 결과 믿음으로 사는 온 세상 사람들에게 천국에 들어갈 수 있는 구원을 선물로 주셨습니다.

부활하신 예수님은 죽지 않고, 하늘로 올라가셨습니다. 특별히 베드로는 예수님의 승천이 예수님이 주와 그리스도가 되심을 성부 하나님이 확증하신 사건이라고 설명했습니다(행 2:36). 여기서 '주'는 '우주 만물의 통치자'라는 뜻입니다. '예수님이 하늘과 땅의 모든 권세를 가지고 만물을 다스리시는 만물의 주인'이라는 뜻입니다. 그리고 '그리스도'란 '하나님이 구약시대에 이스라엘과 온 세상을 구원하기 위해 보내 주겠다고 약속하신 바로 그 메시야, 구세주'라는 뜻입니다. 예수님이 이 세상의 주요, 구원자가 되시며, 반드시 다시 오실 것이라고 본문은 기록합니다(11절).

**예수님이 죽지 않으시고 승천하신 그대로 이 세상에 재림하실 주이심을 믿고 다시 오실 예수님을 기다리며 땅끝까지 복음을 전하는 증인으로 살 수 있습니까?**

## 삶으로의 초대

예수님의 승천을 그린 명화를 인터넷을 통해 직접 찾아봅시다. 그리고 명화와 말씀을 묵상하고 난 후에 승천에 관한 각자의 생각을 나눠 봅시다.

**〈함께 묵상할 승천에 관한 명화〉**

1. 준비물: 컴퓨터, 프린터
2. 방법:
   1) 인터넷 검색창에 키워드로 '예수의 승천'을 입력합니다.
   2) 열거된 명화 중에서 사람들에게 잘 알려진 2개를 선택하여 인쇄합니다.
   - 지오토의 "그리스도의 승천"(1304~1306년)과 렘브란트의 "그리스도의 승천"(1636년)
   3) 사도행전 1장 9절 말씀, "이 말씀을 마치시고 그들이 보는데 올려져 가시니 구름이 그를 가리어 보이지 않게 하더라"를 읽고, 그림을 감상합니다.
   4) 그림을 묵상하고, 느낀 것을 서로 나누어 봅니다.

## 기도로 아뢰기와 주기도

사랑의 하나님, 죄로 죽을 수밖에 없는 우리를 위하여 예수님을 보내 주시고 십자가에 달려 우리 대신 죽게 하심을 감사드립니다. 고개를 숙이고 세상을 바라보며 살지 않게 하시고 고개를 들어 십자가의 주님을 바라보는 승리의 삶을 살게 하여 주소서. 예수 그리스도의 이름으로 기도합니다. 아멘.

# 제2과 성령 충만한 공동체

주안점 / 교회는 함께 모여 기도하고 성령 충만을 받아 한마음으로 복음을 전해야 합니다.

**오늘의 믿음구호 외치기! _ "함께 모여 기도하고, 하나 되어 전도합시다!"**

**★ 본문말씀 _ 사도행전 2:1~13**

"그들이 다 성령의 충만함을 받고 성령이 말하게 하심을 따라 다른 언어들로 말하기를 시작하니라"(4절).

**★ 함께 부르는 찬송 _ 찬송가 185장 1절**

1. 이 기쁜 소식을 온 세상 전하세 큰 환난 고통을 당하는 자에게
   주 믿는 성도들 다 전할 소식은 성령이 오셨네
   성령이 오셨네 성령이 오셨네 내 주님 보내신 성령이 오셨네
   이 기쁜 소식을 온 세상 전하세 성령이 오셨네

## 생각으로의 초대

새벽 예배에 빠지지 않는 권사님이 계셨습니다. 성전에서 기도할 때마다 큰 소리로 방언으로 기도하시는 분이었습니다. 열심히 일하시는 분이었습니다. 그런데 일할 때마다 자기 주장이 강해서 주변 사람들과 늘 관계가 불편했습니다.
또한 권사님은 언변이 탁월했습니다. 조리 있고, 유창하게 기도를 잘하셨습니다. 기도의 내용도 거룩했습니다. 그런데 만나면 대부분 돈 버는 이야기로 가득했습니다.

### 무엇이 성령 충만한 삶인지 각자의 생각을 나누어 봅시다.

하나님은 □□□ 당신이 성령 충만하기를 원하십니다.

## 말씀으로의 초대

### 1. 성도가 함께 모여 힘써 기도하는 곳에 성령 충만함이 있습니다.

제자들은 불과 얼마 전까지 예수님 앞에서 누가 더 높은지 따지고 다투고 경쟁했습니다. 예수님이 체포되시는 과정에서 두려움 가운데 뿔뿔이 흩어져 저마다 살 길을 찾았고 심지어는 예수님을 부인하고 저주까지 했습니다. 그런데 어떻게 어느 날 갑자기 따르던 스승이 사라진 공동체가 이렇듯 일사불란하게 한자리에 모여 기도함으로 마음을 모을 수 있었을까요? 예수님의 부활을 경험한 후 제자들이 성령님을 기다리라는 예수님의 말씀을 따라 한마음으로 모였습니다. 그곳에는 제자들뿐만 아니라 여자들과 예수님의 어머니 마리아와 예수님의 아우들도 있었습니다. 그리고 그들은 마음을 같이하여 오로지 기도했습니다(행 1:14).

성령 충만을 사모하는 성도는 말씀을 듣는 자리를 놓치지 말아야 합니다. 또한 함께 기도하는 자리를 찾아야 합니다. 젊은 날 바쁜 일상을 보내느라 말씀을 듣고, 기도하는 자리를 소홀히 했다면 하나님이 주신 사명을 감당하고, 존경을 받는 남은 노년의 삶을 살기 위하여 말씀의 자리, 기도의 자리를 찾아 성령 충만함을 받아야 합니다. 오늘도 부활의 신앙 위에 예수님의 말씀을 따라 한곳에 모여 전심으로 기도하는 곳에 성령님이 임하십니다.

### 2. 성령님은 죄로 분열된 공동체를 한몸으로 회복시켜 선교의 사명을 감당케 하십니다.

성령 충만을 받은 제자들이 방언을 하는데, 오순절날 세계 각지에서 모인 경건한 유대인들은 각 나라의 방언으로 말하는 제자들을 보고 크게 놀랍니다. 그들은 많이 배우지 못하고, 사회적 지위가 낮아 무시받던 갈릴리 사람들이 세계 각 지역의 말로 하나님의 큰 일을 말하는 것을 듣고 놀라며 신기해합니다.

바벨탑 사건 이후로 갈라진 언어는 인류를 분열시켰습니다. 그런데 성령님이 오시자 놀랍게도 언어가 통합되고 분열이 끝납니다. 성령님이 오셔서 우리는 하나가 되었습니다. 예수 그리스도 안에서 평안의 매는 줄로 우리를 하나 되게 하신 것입니다(엡 4:3). 이제 성도들은 한 가족이요, 내 몸입니다. 한 가족, 한몸이 되었으니 신분, 나이, 성별, 국적 등 다른 어떤 조건도 성도의 하나 됨을 끊을 수 없습니다. 성령이 하나 되게 하신 것을 힘써 지켜야 합니다.

오순절 방언 사건은 단지 성령을 체험한 현상만을 드러낸 것이 아닙니다. 그들의 방언에는 하나님의 큰 일이 담겨 있었습니다. 오순절을 맞아 각 나라에서 온 사람들이 방언을 듣고 고향으로 돌아가 복음을 전파하게 하는 것이 하나님의 계획이었음을 알 수 있습니다. 이는 예수님의 죽으심과 부활을 전 세계로 전파하기 위한 하나님의 심오한 계획이었습니다. 바벨탑 사건과 달리, 오순절 사건은 진리를 전달하도록 언어의 기능을 회복시키신 사건입니다.

그러므로 교회는 성령 충만을 위해 함께 모여 한마음으로 힘써 기도해야 하며, 능력 받은 교회는 한마음으로 세계 만방에 복음 증거의 사명을 잘 감당해야 합니다.

### 삶으로의 초대

성령 충만한 삶을 위해 공동체가 함께할 수 있는 일을 구체적으로 계획해 보고 실천합시다.

예) 같은 시간을 정해서 기도하기, 주중에 한 번 시간을 정하여 교회에 모여 기도하기 등

### 기도로 아뢰기와 주기도

하나님! 우리에게 성령님을 보내 주셔서 감사합니다. 거룩한 열망을 가지고 성령의 충만함을 사모하게 하셔서 성령의 능력을 받아 성도들과 더욱 하나 됨을 힘쓰게 하시고, 담대하게 복음을 증거하며 살게 하옵소서. 예수 그리스도의 이름으로 기도합니다. 아멘.

# 제3과 장차 오실 예수님

주안점 / 인생의 소망은 다시 오실 예수 그리스도입니다.

**오늘의 믿음구호 외치기! _ "다시 오실 예수님을 생각하며 인생의 소망을 찾읍시다!"**

**★ 본문말씀 _ 요한계시록 1:4~7**

"볼지어다 그가 구름을 타고 오시리라 각 사람의 눈이 그를 보겠고 그를 찌른 자들도 볼 것이요 땅에 있는 모든 족속이 그로 말미암아 애곡하리니 그러하리라 아멘"(7절).

**★ 함께 부르는 찬송 _ 찬송가 104장 1절**

1. 곧 오소서 임마누엘 오 구하소서 이스라엘
그 포로 생활 고달파 메시야 기다립니다
기뻐하라 이스라엘 곧 오시리 오 임마누엘

미국의 어느 시립 병원에서 있었던 이야기입니다. 그 병원의 한 병실에는 죽음을 앞두고 움직일 수 없는 중환자 7명이 누워 있었습니다. 그 병실에는 창이 하나밖에 없었는데, 창가의 침대 자리에는 지미라는 결핵 말기 환자가 있었습니다. 그는 창밖에 보이는 경치를 다른 환자들에게 매일같이 알려 주었습니다. "오늘은 어린이들이 소풍 가는 날인가 보다. 알록달록한 색깔의 가방을 어깨에 멘 아이도 있고 즐거운 듯이 손에 돈 가방을 들고 흔들어 보이는 아이도 있다. 저 여자아이는 빨간 모자를 쓰고 있는데 참 귀엽네." 이렇게 생생하게 바깥 이야기를 알려 주는 지미 덕분에 환자들은 잠시나마 아픔을 잊곤 하였습니다. 지미로부터 창밖의 이야기를 들을 때가 그들에게는 가장 즐겁고 행복한 시간이었습니다. 어느 추운 겨울, 환자들이 잠에서 깨었을 때 지미의 침대는 비어 있었습니다. 그러자 톰이라는 환자가 소리를 지르면서 간호사를 불렀습니다. "오늘부터 내가 창가 자리를 쓸 테니 내 침대를 옮겨 주시오." 톰은 그 차례를 무시하였던 것입니다. 그가 워낙 성품이 거칠기 때문에 환자들은 반대할 수 없었습니다. 톰은 창가로 이사하면서 다른 환자들에게 호기를 부렸습니다. "난 지미처럼 창밖의 경치를 너희들에게 알려 주지 않겠다." 톰은 옮겨지자마자 창밖으로 눈을 돌렸습니다. 그러나 그의 눈에 비치는 것은 검게 그을린 벽돌담이 전부였습니다. 아무리 눈을 비벼 봐도 지미가 이야기하였던 아름다운 풍경은 볼 수 없었습니다. 순간, 그는 그동안 자기를 감쪽같이 속여 온 지미가 괘씸하다는 생각이 들었습니다. 그러나 생각해 보니 지미가 왜 매일같이 거짓말을 했는지 짐작하게 되었습니다. 지미는 다른 환자들이 희망을 잃지 않고 삶의 의지를 가질 수 있도록 보이지 않는 풍경을 아름답게 꾸며서 들려주었던 것입니다. 톰은 한참 동안 넋을 잃고 멍하니 검게 그을린 벽돌담을 바라보았습니다. 그는 새삼스레 지미에게 고마움이 느껴졌습니다. 그리고는 마음속에 있는 독기가 사라지는 것을 느낄 수 있었습니다. 그는 이렇게 말했습니다. "너희에게 절대로 바깥 풍경을 말하지 않으려 했는데 나 혼자 보기에는 너무 아까워서 말해 주는 거다. 간밤에 눈이 내렸는지 온통 세상이 하얗게 변했다. 저기 신나게 눈싸움을 하는 아이들이 있다. 바로 창 밑에서는 아이들이 눈사람을 만들고 있네. 눈사람이 참 예쁘다." 이렇게 말하자 환자들의 얼굴에 다시 생기가 돌았습니다. 톰은 더욱 신이 나서 바깥 세상의 이야기를 해 주었습니다. 인간은 죽음의 문턱에서도 희망만 있다면 행복한 존재입니다. 희망만 있다면, 어떤 어려운 순간이라도 행복할 수 있습니다. 중요한 것은 희망이 있느냐, 희망을 발견했느냐의 문제입니다.

## 말씀으로의 초대

요한계시록은 사도 요한이 핍박을 받고 있는 성도들에게 소망을 주기 위해 쓴 서신입니다. 그 소망의 정점은 예수님의 재림입니다. 사도행전 1장을 보면, 예수님께서 승천하시면서 제자들에게 다시 오실 것을 말씀하셨습니다. 그리고 초대교회의 모든 성도들은 예수님의 다시 오심을 소망하면서 삶의 고난을 견뎌 냈습니다. 사도 요한은 아시아에 있는 일곱 교회에 편지를 전하면서 예수님에 대해서 "이제도 계시고 전에도 계셨고 장차 오실 이와 그의 보좌 앞에 있는 일곱 영과 또 충성된 증인으로 죽은 자들 가운데에서 먼저 나시고 땅의 임금들의 머리가 되신 예수 그리스도"(계 1:4-5), "볼지어다 그가 구름을 타고 오시리라 각 사람의 눈이 그를 보겠고 그를 찌른 자들도 볼 것이요 땅에 있는 모든 족속이 그로 말미암아 애곡하리니 그러하리라 아멘"(계 1:7)이라고 말합니다. 박해의 시대를 살아가는 성도들에게 유일한 삶의 희망은 예수님의 다시 오심이었습니다. 예수님의 다시 오심은 삶의 희망이고 근거가 되었습니다.

### 예수님만이 우리의 삶의 소망입니다.

이것은 우리에게도 마찬가지입니다. 예수님만이 우리의 삶의 소망입니다. 그분만이 삶의 근거가 됩니다. 세상을 살다 보면 힘든 일이 있을 수 있습니다. 또한 죽음에 대한 불안도 가져올 수 있습니다. 그러나 우리가 다시 오실 예수님을 생각하면서 살아간다면 어떤 고난과 불안도 다 극복할 수 있습니다. 나이가 들어갈수록, 천국이 가까울수록 더욱더 예수님을 바라보면서 삶의 소망을 가지고 살아야 합니다. 우리는 반드시 예수님이 다시 오실 때, 그분과 함께 부활하여 천국의 영광을 누리며 살 것입니다.

## 삶으로의 초대

**〈세 줄 일기 세 줄 기도〉**

하루 10분, 세 줄 일기와 세 줄 기도로 마음과 영혼이 건강해지고 인생이 달라집니다.

1. **준비물 :** 노트 한 권

2. **실천방법**

  1) 세 가지 내용을 한 줄로 씁니다.

  2) 손 글씨로 씁니다.

  3) 천천히 생각하면서 씁니다.

  4) 마음을 다해 기도합니다.

● 세 줄 일기(10분)

  1) 오늘 가장 안 좋았던 일(기분 나빴던 일, 마음 상했던 일, 몸의 이상 등)

  2) 오늘 가장 좋았던 일(기뻤던 일, 즐거웠던 일, 마음이 행복했던 일 등)

  3) 내일 꼭 해야 할 일(이루고 싶은 꿈)

● 세 줄 기도(10분)

  1) 주님, 왜 저에게 안 좋은 일이 생겼나요?

  2) 주님, 왜 저에게 기쁜 일이 생겼나요?

  3) 나는 어떤 존재가 되어야 하나요?

## 기도로 아뢰기와 주기도

사랑과 은혜의 하나님, 믿음으로 살게 하시니 감사드립니다. 다시 오실 예수님을 생각하면서 인생의 어떤 환경 속에서도 소망을 가지고 살게 하여 주옵소서. 인생의 목적과 삶의 이유가 세상의 것이 아닌 다시 오실 예수님이 되게 하여 주옵소서. 예수 그리스도의 이름으로 기도합니다. 아멘.

# 제4과 인생의 당연함 깨기

주안점 / 하나님은 오늘도 우리를 주목하고 계십니다.

**오늘의 믿음구호 외치기! _ "하나님의 눈으로 우리의 삶을 바라봅시다!"**

**★ 본문말씀 _ 사도행전 3:1~10**

"베드로가 이르되 은과 금은 내게 없거니와 내게 있는 이것을 네게 주노니 나사렛 예수 그리스도의 이름으로 일어나 걸으라 하고"(6절).

**★ 함께 부르는 찬송 _ 찬송가 310장 1절**

1. 아 하나님의 은혜로 이 쓸데없는 자 왜 구속하여 주는지 난 알 수 없도다
   내가 믿고 또 의지함은 내 모든 형편 아시는 주님 늘 보호해 주실 것을 나는 확실히 아네

## 생각으로의 초대

미국에 있는 UCLA 대학의 의과대학 교수가 학생들에게 질문을 했습니다. "아버지는 매독균에 걸려 있고 어머니는 폐결핵 환자이다. 여기서 아이 네 명이 태어났는데, 첫째 아이는 매독균으로 인해서 시각 장애인이 되었고, 둘째 아이는 이미 병들어 죽었고, 셋째 아이는 역시 부모들의 병 때문에 청각 장애인이 되었고, 넷째 아이는 결핵 환자가 되었다. 이런 때에 어머니가 또 임신을 했다. 이런 경우에 그대들이라면 어떻게 할 것인가?" 학생들은 입을 모아 대답했습니다. "당연히 유산시켜야 됩니다." 그러자 교수는 점잖고, 아주 정중하게 대답했습니다. "그대들은 지금 베토벤을 죽였다."

우리가 아는 악성 베토벤은 바로 그런 환경 가운데서 태어나 57년 동안 작곡 활동을 했습니다. 물론 그도 나중에는 청각 장애인이 되었지만, 많은 불후의 명곡을 작곡했습니다. 우리 인간의 판단과 사고가 얼마나 어리석고 잘못되기 쉬운가를 알아야 합니다.

우리는 종종 편견에 사로잡혀 살아갈 때가 많습니다. 더욱이 인생의 연륜으로 쌓은 경험의 힘을 의지하여 남을 쉽게 판단하고, 정죄하기도 합니다. 어떤 판단은 세상의 이치에 따라 맞을 수도 있습니다. 하지만, 대체로 모든 것을 우리의 경험에 비추어 판단하고 결정할 수는 없습니다.

## 말씀으로의 초대

오늘 말씀에 나면서 못 걷게 된 사람(2절)이 나옵니다. 그는 성전 미문(2절)에 있습니다. 하나님의 임재가 있는 곳입니다. 당시 유대인들은 시간을 정해서 하나님의 성전에 가서 기도를 했습니다. 본문에서 말하는 제구시는 정오로, 유대인의 기도 시간입니다. 나면서부터 걷지 못한 사람을 외면한 채 많은 믿음의 사람들은 하나님의 성전에 들어갑니다. 그곳에 수십 년간 같은 자리에 앉아 구걸하고 있는 모습을 당연시 여기며, 자신의 신앙을 향해서만 교회 문을 왔다갔다합니다. 그런데 이날은 다릅니다. 그의 인생의 당연함이 깨지는 순간이었기 때문입니다.

### 1. 하나님은 인생의 당연함을 깨기 위해 당연한 것을 주목하라고 말씀합니다.

본문 4절에서 베드로와 요한은 수십 년간 성전 미문에 앉아서 구걸하고 있는 나면서부터 걷지 못하는 사람을 주목했습니다. 어느 누구도 주목하지 않고, 당연히 죄인으로, 당연히 공동체 일원으로 생각하지 않는 그 사람을 주목하고 있습니다. 본문에서 말한 '주목하다'는 슬쩍 곁눈으로 보는 것이 아닙니다. 관심을 가지고 열중하여 보는 것입니다. 베드로와 요한은 지금 성전에 들어가 기도하고, 하나님께 예배드려야 할 시간에 하나님의 마음과 하나님의 눈길로 그 영혼을 주목하고 있습니다. 종교적 형식과 종교적 열심으로만 사로잡혀 하나님께 나가고 하나님을 찾는 당연함이 아니라, 하나님의 뜻을 행하고 하나님의 마음으로 행하는 자리를 바라보고 있습니다. "그러므로 예물을 제단에 드리려다가 거기서 네 형제에게 원망 들을 만한 일이 있는 것이 생각나거든 예물을 제단 앞에 두고 먼저 가서 형제와 화목하고 그 후에 와서 예물을 드리라"(마 5:23-24). 하나님께 나아가 예배드리는 것은 당연합니다. 그런데 이 예배가 당연한 것이 되기 위해서 우리는 우리의 형제자매를 살펴야 합니다.

우리도 당연함이라는 선입견 때문에 하나님이 주목하시는 영혼을 놓치지 않아야 합니다. 우리의 당연함은 우리의 만족을 위한 신앙적 열심이 아니라, 하나님의 마음으로 하나님의 사람을 주목하는 것입니다.

### 2. 하나님은 인생의 당연함을 깨기 위해 우리의 당연함을 하나님의 당연함으로 바꾸라고 하십니다.

한 영혼을 주목한 베드로와 요한은 그에게 큰 선물을 줍니다. 6절 말씀입니다. "은과 금은 내게 없거니와 내게 있는 이것을 네게 주노니 나사렛 예수 그리스도의 이름으로 일어나 걸으라" 아멘! 베드로와 요한은 주목하는 데만 머물지 않았습니다. 그 영혼이 자유하고, 살 수 있는 그 능력을 주었습니다. 바로, 예수 그리스도를 통한 새 생명을 선포했습니다. '나사렛 예수 그리스도'의 이름으로는 우리가 당연히 있어야 할 영적 지표를 알려 줍니다. '예수 그리스도'라는 주의 이름은 성도의 신앙생활에 있어서 어떤 일을 이루기 위한 수단이 아니라 영원히 추구해야 할 목적임을 선포하고 있습니다.

지금까지 나면서부터 걷지 못한 이 사람이 당연히 추구한 것은 금과 은이었습니다. 세상의 기준과 세상의 가치 중 최고만을 위해 고개를 숙이고, 구걸하며 자신의 삶을 연명했습니다. 이것을 당연히 여겨 왔습니다. 하지만, 아니라는 것입니다. 예수 그리스도, 그 이름을 통해 우리의 가치관과 우리가 추구할 목적이 바뀌었다는 사실입니다. 우리가 당연히 행해야 할 것은 바로 예수 그리스도, 그 이름의 능력을 외치는 것입니다. 그 능력을 구하는 것입니다. 그 이름의 의미를 준행하는 것입니다.

### 삶으로의 초대

육상경기 중, 높이뛰기를 보신 적이 있으십니까? 선수들이 달려가다가 순간의 도약을 이용해 수평의 막대기를 넘는 경기입니다. 대부분의 선수들이 정면으로 달리다 순간 몸을 틀어 엉덩방아를 찧으며 착지하는데요, 이것을 전문용어로 "포스베리 플럽"이라고 부릅니다.

포스베리는 높이뛰기 선수였는데, 다이빙의 재주넘기 장면을 보다 아이디어를 얻었습니다. 지금까지 하던 방식인 '앞으로 넘지 말고 뒤로 넘자'는 그의 새로운 아이디어를 시험해 보았더니 놀랍게도 2m를 쉽게 뛰어넘을 수 있었습니다. 그는 이 방식을 이용하여 1968년 멕시코 올림픽대회 높이뛰기에서 금메달을 차지했고, 그의 도약 방법인 포스베리 플럽은 세계적으로 가장 널리 사용되고 있는 높이뛰기 방식이 되었습니다.

**이처럼 삶에서 우리를 가로막는 벽을 만날 때 우리의 사고를 바꾸어 볼 필요가 있습니다.**

### 기도로 아뢰기와 주기도

삶의 주관자 되시는 하나님, 주신 말씀을 따라 하나님께서 바라보시는 그 영혼을 주목하며, 그 영혼을 향한 하나님의 마음을 전하는 축복의 통로가 되어 하나님을 증언하는 자가 되게 하옵소서. 예수 그리스도의 이름으로 기도합니다. 아멘.

# 제5과 천사의 얼굴과 같더라

주안점 / 이 세상은 늘 풍랑이 요동치지만, 우리가 주님을 바라볼 때 평안합니다.

**오늘의 믿음구호 외치기! _ "평안을 주시는 주님을 바라봅시다!"**

**★ 본문말씀 _ 사도행전 6:8~15**

"공회 중에 앉은 사람들이 다 스데반을 주목하여 보니 그 얼굴이 천사의 얼굴과 같더라"(15절).

**★ 함께 부르는 찬송 _ 찬송가 413장 1절**

1. 내 평생에 가는 길 순탄하여 늘 잔잔한 강 같든지
큰 풍파로 무섭고 어렵든지 나의 영혼은 늘 편하다
내 영혼 평안해 내 영혼 내 영혼 평안해

## 생각으로의 초대

링컨은 "40세가 넘으면 자기의 얼굴에 대해서 책임을 져야 한다."고 했습니다. 즉, 얼굴은 그 사람의 내면과 인격을 보여 주는 축소판이라고 할 수 있습니다. 요즘은 무감동, 무감각, 무표정한 시대라고 말합니다. 그렇다면 그리스도인들은 어떤 모습으로 살아가야 할까요?

지금 나의 모습은 어떻습니까? 천사와 같은 얼굴입니까?

## 말씀으로의 초대

### 1. 성령 충만, 은혜의 사람이었습니다.

부름 받은 자의 삶을 산 스데반은 최선을 다해서 예수님의 복음을 전했습니다. 그러나 유대인들이 스데반을 죽이기 위해서 거짓 증인을 세워서 산헤드린 법정에 세웠습니다. 주위를 둘러봐도 스데반을 도와줄 사람은 아무도 없었습니다. 그러나 절망적인 상황 속에서도 스데반의 얼굴은 소망으로 충만했습니다. 분노에 찬 모습이 아니었습니다. 억울하다고 한탄하는 모습이 아니었습니다. 성경은 말하고 있습니다. "그 얼굴이 천사의 얼굴과 같더라"(15절b).

그의 얼굴이 천사와 같이 빛날 수 있었던 것은 그가 성령의 사람이었기 때문입니다. "스데반이 지혜와 성령으로 말함을 그들이 능히 당하지 못하여"(10절). 이 구절에서 볼 수 있듯이 어떠한 위협이나 논쟁에서도 하나님의 지혜와 성령으로 이겨 나갔습니다. 오직 성령 충만으로 이 세상을 이길 수 있습니다. 언제나 성령 충만을 구하는 성숙한 신앙인이 되시길 바랍니다.

### 2. 스데반은 사랑과 용서의 사람이었습니다.

스데반은 자기를 죽이려고 돌을 들고 있는 사람들을 위하여 "주여 이 죄를 그들에게 돌리지 마옵소서"(행 7:60)라고 기도하였습니다. 그들이 모르고 하는 행동을 용서해 달라는 사랑의 기도, 용서의 기도였습니다. 맞습니다. 스데반은 지금 비록 돌에 맞아 죽게 되었지만, 주님에게 시선을 고정하고 하늘을 쳐다보았습니다. 세상에 마음을 빼앗기지 않고, 우리를 죄에서 구원하기 위해 십자가에서 돌아가신 예수님을 바라본 것입니다. 그래서 스데반도 예수님처럼 사랑과 용서의 마음을 가질 수 있었습니다. 얼굴은 때때로 마음의 상태를 반영합니다. 근심과 걱정에 찬 마음일 때는 얼굴에 근심의 빛이 역력합니다. 억울하고 분노가 가득할 때는 얼굴이 일그러집니다. 그러나 사랑과 용서의 마음이 충만할 때는 평안함이 깃든 천사의 얼굴이 됩니다.

### 삶으로의 초대

유대인으로서 나치 수용소에서 극적으로 살아난 코리 텐 붐 여사는 전쟁이 끝난 후 예수님의 사랑의 복음을 간증하는 자리에서 자기 앞에서 언니를 죽이고, 자신을 성추행한 독일군을 만나게 되었습니다. 그때 하나님께서 "용서하라!"는 음성을 들었습니다. 그러나 그녀는 "하나님, 안 됩니다. 저 인간만은 용서할 수 없습니다."라고 했습니다. 하지만 계속되는 하나님의 명령에 그녀는 결국 그 독일군과 용서의 포옹을 하게 되었습니다. 일단 순종을 하니까 용서할 마음이 생겼습니다. 여사는 말했습니다. "순종이 중요하다. 용서할 수 있느냐 없느냐가 아니라 순종의 삶이 우리를 성령 충만하게 할 수 있다." 성령 충만을 구하십시오. 십자가에서 우리를 용서하신 주님께 우리의 시선을 고정하시길 바랍니다. 그러면 용서할 수 있습니다.

주님은 "십자가의 사랑으로 그들을 용서하라!"라고 말씀하십니다. 우리가 주님의 명령에 순종하고 나아갈 때, 용서할 수 있는 마음을 주실 것입니다. 우리의 얼굴이 천사의 모습이 될 것입니다.

**나를 힘들게 한 사람을 용서하라는 주님의 말씀에 "주님, 그 사람만은 안 됩니다."라고 탄식한 적은 없습니까?**

### 기도로 아뢰기와 주기도

사랑의 주님! 나를 힘들게 한 사람에게 먼저 손 내밀어 용서하게 하소서. 나를 고통 속으로 떨어뜨린 사람을 그리스도의 사랑으로 품게 하소서. 주님이 나를 십자가의 사랑으로 품어 주셨듯이 우리도 주님을 닮게 하소서. 스데반처럼 성령 충만함으로 천사의 얼굴을 가질 수 있도록 우리를 다스려 주옵소서. 예수 그리스도의 이름으로 기도합니다. 아멘.

# 제6과 안디옥 교회의 모범

주안점 / 초대교회 성도들의 열정과 믿음으로 성숙한 교회가 되는 과정을 살펴서
오늘 우리의 신앙에 본을 삼읍시다.

**오늘의 믿음구호 외치기! _ "때를 얻든지 못 얻든지 전파합시다!"**

**★ 본문말씀 _ 사도행전 11:19~26**

"그중에 구브로와 구레네 몇 사람이 안디옥에 이르러 헬라인에게도 말하여 주 예수를 전파하니 주의 손이 그들과 함께하시매 수많은 사람들이 믿고 주께 돌아오더라"(20-21절).

**★ 함께 부르는 찬송 _ 찬송가 502장 1절**

1. 빛의 사자들이여 어서 가서 어둠을 물리치고 주의 진리 모르는 백성에게 복음의 빛 비춰라
   빛의 사자들이여 복음의 빛 비춰라 죄로 어둔 밤 밝게 비춰라 빛의 사자들이여

## 생각으로의 초대

베트남으로 파송된 한 선교사님의 간증입니다. 선교사 훈련을 마치고 베트남으로 선교지가 결정된 후, 초등학생 아들이 이런 말을 했습니다. “아빠, 안 가면 안 돼요?” 아들의 물음을 끌어안고 끙끙대다가 아이에게 이런 말을 해 주었습니다. “너는 따라가는 것이 아니야. 하나님이 너를 꼬마 선교사로 부르신 거야.” 사실 그 당시, 아들에게 이렇게 답해 주면서도 그 말을 100% 믿지 못하는 내가 부끄러웠습니다. 그런데 하나님이 우리 아이를 통해서 믿음 없는 우리에게 위로를 주셨습니다.

큰 아이가 베트남 학교에 입학했을 때 일입니다. 베트남어를 전혀 하지 못하는 아이를 학교에 보내고 마음이 놓이지 않았습니다. 불안한 마음으로 몇 주가 지나고, 큰 아이가 학교를 다녀와서 우리에게 놀라운 이야기를 해 주었습니다. 자기가 학교 친구들에게 한국말을 가르친다는 것입니다. 영어도 못하고, 베트남어도 못하는데 아이들에게 무슨 말을 가르쳤냐고 물었습니다. 아이가 대답했습니다. “어! 제가요~~ 몇 가지 말을 가르쳐 주었어요. 나는 죄인입니다. 예수님, 사랑합니다.” 눈물이 왈칵 쏟아졌습니다. 내가 믿음 없이 내뱉은 그 말을 아들은 마음에 새기고 있었던 것입니다. 자신이 ‘꼬마 선교사’라는 말을요.

사도 바울이 로마 감옥에 있을 갇혔을 때가 60세가 넘은 나이였지만 여전히 왕성하게 하나님의 나라를 전파하고 예수 그리스도의 복음을 거침없이 가르쳤다고 누가는 기록하고 있습니다(행 28:31). 사도 요한은 90세의 나이에도 예수 그리스도의 복음을 전하다가 밧모섬에 유배를 당하기도 하였습니다.

**내가 만일 감옥에 갇혀 있는 상황이라면, 내가 만일 90세라면, 전도하는 일에 얼마나 열심을 낼 수 있을까요?**

## 말씀으로의 초대

### 1. 주 예수를 전파하니(행 11:20-21)

스데반이 순교한 후에 예루살렘 교회에 큰 박해가 시작되었습니다. 교인들은 신앙을 지키기 위해 예루살렘 교회를 떠나 각지로 흩어졌습니다. 그중에 몇 사람이 안디옥에 오게 되었고 그들은 거기서도 예수님을 전하는 것을 멈추지 않았습니다. 초대교회 성도들의 구령의 열정에 하나님께서도 그들이 복음을 전하는 것을 도와주셨습니다. 성경에 "주의 손이 그들과 함께하시매"라고 기록하고 있듯이 하나님께서 도와주셔서 많은 사람들이 주님께로 돌아오는 놀라운 역사가 일어났습니다. 흩어진 성도들에 의해 수리아 안디옥에 세워진 교회가 안디옥 교회입니다. 성령의 충만함을 받은 초대교회 성도들은 은혜의 때나 박해의 때나 예루살렘에서나 안디옥에서나 때와 장소를 가리지 않고 예수 그리스도의 복음을 전하는 일을 제일 중요한 사명으로 알았습니다.

## 2. 주와 함께 머물러 있으라 권하니(행 11:23)

수리아 안디옥에 교회가 세워졌다는 소식이 예루살렘에 머물러 있는 사도들에게 전해졌습니다. 사도들은 교회의 지도자를 보내기로 결정하고 누구를 보낼까 논의하던 중 사도가 아닌 평신도 지도자 바나바를 파송하기로 결정을 했습니다. 바나바는 사랑이 많아 모든 교인들에게 큰 위로와 용기를 주는 사람이었습니다. 바나바는 주저하지 않고 안디옥으로 달려갔습니다. 그리고 최선을 다해 성도들을 섬겼습니다. 바나바의 헌신적인 사랑과 권면은 많은 사람들에게 감동을 주었고 안디옥 교회는 날로날로 성장했습니다. 한 사람의 헌신이 교회를 이렇게 놀랍게 성장시킬 줄 누구도 예상하지 못했을 것입니다. 그러나 하나님은 충심으로 헌신하는 한 사람만 있어도 이렇게 놀라운 교회의 역사를 만들어 주십니다.

## 3. 둘이 큰 무리를 가르쳤고(행 11:25-26)

안디옥 교회의 성도들이 복음을 받아들이고 바나바의 헌신적인 사랑의 섬김으로 놀랍게 성장을 하였지만 아직 성숙한 신앙인이 되지는 못했습니다. 바나바는 사랑의 섬김과 함께 체계적이고 깊이 있는 성경 공부를 통해서 신앙이 성숙해질 수 있다고 생각하고 그 일의 적임자로 사도 바울을 지목했습니다. 그리고 바울을 찾아가 설득하여 안디옥 교회에서 동역했습니다. 바나바는 사랑으로 섬기고 바울은 말씀으로 섬기면서 1년간 열심히 목회를 했습니다. 그 후, 사람들이 안디옥 교회 교인들을 비로소 그리스도인이라고 불러 주었습니다. 교회는 약한 부분을 서로 도와주며 동역할 때 건강한 교회로 세워지는 것입니다. 교회는 사랑의 섬김과 하나님의 말씀으로 온전하게 세워지는 것입니다.

## 초대교회 성도들처럼 복음을 전하고, 사랑의 섬김으로 동역하려는 열정이 얼마나 있을까요?

### 삶으로의 초대

사도 바울처럼 초대교회 성도들처럼 복음을 전파하는 멋진 선교사가 되어 봅시다.

**〈우리는 멋진 선교사〉**

1. 준비물 : 글 없는 책(인터넷 검색 후, 구입 가능), 전도용품(휴지, 마스크, 손소독제 등)
2. 방법 :

1) 글 없는 책에 색깔별로 주요 내용이 무엇인지 자신 있게 말할 수 있을 때까지 반복해서 주요 내용을 파악합니다.
   - · 초록 : 하나님의 천지 창조 / 검정 : 인간의 죄(죄로 인해 하나님과 멀어짐)
   - · 빨강 : 예수님의 구속사역 / 흰색 : 죄를 깨끗하게 씻어 주심
   - · 금색 : 천국 소망

2) 짝을 지어 글 없는 책으로 서로에게 복음을 전하는 연습을 해 봅니다.

3) 가까운 공원이나 산책로에 나가서 복음을 제시하고, 글 없는 책과 전도용품을 전도 대상자들에게 선물하도록 합니다.

### 기도로 아뢰기와 주기도

사랑의 하나님, 초대교회의 성도들처럼, 바울처럼, 요한처럼 언제까지나 어디에서나 주님의 사랑과 하나님 나라의 복음을 전하는 일과 사랑하고 위로하는 일에 열심을 내는 주님의 참된 제자로 살게 하여 주시옵소서. 예수 그리스도의 이름으로 기도합니다. 아멘.

# 제7과 감옥의 찬송소리

주안점 / 하나님과 긴밀하게 연결된 심령은 감옥같이 척박한 환경 속에서도
찬송과 기도의 열매를 맺게 됩니다.

**오늘의 믿음구호 외치기! _ "세상을 이기신 예수님이 우리와 함께 계십니다!"**

**★ 본문말씀 _ 사도행전 16:16~34**

"한밤중에 바울과 실라가 기도하고 하나님을 찬송하매 죄수들이 듣더라"(25절).

**★ 함께 부르는 찬송 _ 찬송가 364장 1절**

1. 내 기도하는 그 시간 그때가 가장 즐겁다 이 세상 근심 걱정에 얽매인 나를 부르사
내 진정 소원 주 앞에 낱낱이 바로 아뢰어 큰 불행당해 슬플 때 나 위로받게 하시네

## 생각으로의 초대

평북 위원읍 교회에 별명이 '감사노인'이라는 분이 있었다고 합니다. 연세가 80세가 넘었고 과부였던 이 할머니는 슬하에 자식이 없었습니다. 이리저리 구걸을 하며 하루하루 겨우 입에 풀칠이나 할 수 있을 정도로 가난했었는데, 뒤늦게 예수를 영접하여 신앙생활을 시작했습니다. 70세의 나이에 성경을 통해 한글을 깨우쳤고, 성경을 항상 손에 들고 다니며 읽고 또 읽었다고 합니다. 사람들이 이분을 주목하게 된 이유는 다름이 아니라 '하나님 은혜에 감사합니다.'라는 말을 항상 빼놓지 않았다는 데에 있습니다. 유복하고 자손들의 보살핌을 충분하게 받는 사람이 그렇게 살아도 좋아 보일 터인데, 빠듯하고 척박한 하루하루를 살아가는 중에도 감사를 외치니 얼마나 빛이 났겠습니까? 할머니의 감사는 말에서 그치지 않았습니다. 한 푼 두 푼 모아서 생활하는 중에도 할머니는 매주일마다 하나님 앞에 예물 드리기를 힘썼습니다.

## 말씀으로의 초대

### 1. 바울과 실라는 하나님의 일을 하다가 감옥에 갇혔습니다.

본문에서 우리의 눈길을 가장 먼저 사로잡는 대목은 바울과 실라가 하나님이 명령하신 일을 수행하다가 고난을 당한 부분입니다. 사람이 뜻하지 않은 괴로운 일을 겪을 때 제일 먼저 생각하는 것은 '내가 과거에 무슨 죄를 지었나' 하는 것입니다. 우리의 머릿속에는 인과응보의 법칙이 깊이 뿌리를 내리고 있습니다. 예수님을 믿으면서도 이 생각은 굳건하게 한 자리를 차지하고 있습니다. 누군가가 복을 받았다면 그것은 하나님의 말씀과 명령을 잘 지켰기 때문이고, 반면에 크게 다치거나 하던 일을 그르치게 되면 불순종과 교만에 따른 결과라는 판단을 쉽게 내립니다. 사도행전 16장에 나타난 바울의 선교여행은 이 전제를 단번에 뒤집어 버립니다. 바울과 실라는 주님이 주신 은혜와 능력으로 귀신 들린 자를 고쳐 주고, 감옥에 갇히는 고난을 겪게 됩니다. 하나님의 말씀대로 행했음에도 감옥에 갇히게 된 것입니다.

### 2. 찬송과 기도는 죄수들을 구원하는 통로가 되었습니다.

억울한 일로 감옥에 갇혀서 찬송을 부른다는 것은 상식적으로 이해하기 어려운 일입니다. 찬송은 영혼의 기쁨이 없으면 결코 흉내낼 수조차 없는 행동이기 때문입니다. 바울과 실라는 자신들이 맞이하고 있는 현실을 '위기'로 보지 않고 하나님의 선하신 뜻과 계획 안에 있다고 봤습니다. 그게 바로 세상의 풍조를 거스르는 그리스도인의 힘과 능력이 아니겠습니까? 그런데 찬송과 기도는 낙심과 절망의 상황을 이겨 내는 내면적인 승리로만 끝나지 않습니다. "한밤중에 바울과 실라가 기도하고 하나님을 찬송하매 죄수들이 듣더라"(25절)라는 말씀과 같이 우리의 신앙과 고백은 안에서만 울리지 않고 밖으로 퍼져 나갑니다. 하나님은 믿는 자들의 간구와 노래를 사용하셔서 죄인들을 구원하는 일을 이루셨습니다. 지진으로 옥문이 열리자 죄수들이 모두 도망간 줄 알고 두려움에 떨며 자결하려던 간수 앞에 바울이 "주 예수를 믿으라 그리하면 너와 네 집이 구원을 받으리라"(31절)라는 유명한 말을 남깁니다. 하나님은 지극히 작은 자의 찬송과 기도를 하나님의 나라와 영광을 이루기 위해 사용하십니다. 우리는 결코 찬송과 기도를 멈추지 말아야 할 것입니다.

우리에게 주어진 믿음의 삶은 감옥에서 부르는 찬송소리와 같습니다. 현실은 고달프고 괴롭지만, 우리가 행하는 믿음의 수고가 결코 헛되지 않음을 잊지 맙시다.

### 삶으로의 초대

**〈죽을 목숨을 살려 준 찬송가〉**

부흥사 무디 목사님의 찬송 인도자였던 생키가 여객선을 타고 여행을 하고 있었습니다. 신문에서 그의 사진을 자주 본 사람들이 그를 알아보고는 그분이 만든 노래인 '선한 목자 되신 우리 주여'를 불러 달라고 졸랐습니다. 생키가 그 찬송을 부르고 나자 한 사람이 그에게로 다가왔습니다. "생키 선생님, 남북전쟁 당시 북군으로 참전한 일이 있습니까?", "예, 있었습니다.", "그때 저는 남군으로 참전했는데 당신을 본 적이 있습니다. 만월이던 그날 밤 당신은 북군의 파란 군복을 입고 있었고, 당신이 제 사정거리 안에 있었습니다. 제가 당신을 겨냥해 방아쇠를 막 당기려고 하는 순간, 당신이 노래를 부르기 시작했습니다. 방금 당신이 부른 바로 그 찬송이었습니다. 그런데 저의 어머니께서도 그 찬송을 자주 부르셨거든요. 당신이 예수님 안에 있는 사람이라는 것을 알게 되니 도저히 손가락에 힘을 줄 수가 없었습니다." 생키는 큰 감격과 감사로 휩싸여 자신을 향해 총부리를 겨누었던 그를 힘껏 끌어안았습니다. "여호와는 나의 힘과 나의 방패이시니 내 마음이 그를 의지하여 도움을 얻었도다 그러므로 내 마음이 크게 기뻐하며 내 노래로 그를 찬송하리로다"(시 28:7). 하나님은 시와 찬미와 신령한 노래들을 통하여 놀랍고 신비한 구원의 역사를 지금도 이루고 계십니다.

**우리에게는 언제, 어디에서든지 찬송을 부를 이유가 충분합니다. 기꺼이 날마다 찬송을 부르는 삶에 동참하지 않으시겠습니까?**

### 기도로 아뢰기와 주기도

사랑의 하나님, 그리스도 예수 안에 있는 믿음이 얼마나 굉장한지를 우리로 하여금 다시 생각해 볼 수 있게 하심을 감사드립니다. 십자가로 사망의 권세를 이기신 하나님의 은혜로 오늘 우리의 삶을 다스려 주시옵소서. 기도와 찬송을 쉬지 않는 삶을 이루게 하옵소서. 예수 그리스도의 이름으로 기도합니다. 아멘.

# 제8과 날로 새로워지는 속사람

주안점 / 영원한 하나님의 나라를 바라보며 소망으로 살아가는 그리스도인이 되어야 합니다.

**오늘의 믿음구호 외치기! _ "우리의 속사람은 예수님 안에서 날마다 새로워집니다!"**

★ 본문말씀 _ 고린도후서 4:16~18

"그러므로 우리가 낙심하지 아니하노니 우리의 겉사람은 낡아지나 우리의 속사람은 날로 새로워지도다"(16절).

★ 함께 부르는 찬송 _ 찬송가 488장 1절

1. 이 몸의 소망 무언가 우리 주 예수뿐일세 우리 주 예수밖에는 믿을 이 아주 없도다
   주 나의 반석이시니 그 위에 내가 서리라 그 위에 내가 서리라

## 생각으로의 초대

사도 바울은 "우리가 이 보배를 질그릇에 가졌으니 이는 심히 큰 능력은 하나님께 있고 우리에게 있지 아니함을 알게 하려 함이라"(7절)라고 고백하고 있습니다. 자신의 모습을 값어치 없는 싸구려 질그릇으로 고백하고, 깨지기 쉬운 연약한 질그릇으로 표현합니다. 이것은 바울만의 모습이 아니라 우리의 모습이고 모든 인간의 모습입니다. 사람은 흙으로 지어졌기에 값어치 없는 존재이고 깨어지기 쉬운 질그릇처럼 연약한 존재입니다. 그러나 바울은 질그릇 같은 우리 안에 보배를 가지고 있다고 당당하게 고백합니다. 이 보배는 십자가의 복음이고 또한 예수 그리스도입니다. 전능하시고 거룩하신 하나님의 아들이신 예수 그리스도가 우리의 보배이십니다. 우리를 죄와 멸망에서 구원한 십자가의 복음이 우리에게 보배입니다. 예수님을 믿고 복음을 믿는 믿음이 우리에게 보배입니다. 우리는 연약하고 값어치 없는 질그릇이지만 우리 안에 보배이신 예수 그리스도가 계시기에, 복음을 믿는 보배로운 믿음이 있기에 우리는 더 이상 싸구려 질그릇이 아니라 보배를 담은 가치 있는 그릇이고 보배로운 존재입니다.

## 말씀으로의 초대

우리는 보배이신 예수 그리스도를 담은 질그릇이기에 아무도 우리를 넘어뜨릴 수 없습니다. 그래서 우리는 "사방으로 욱여쌈을 당하여도 싸이지 아니하며 답답한 일을 당하여도 낙심하지 아니하며 박해를 받아도 버린 바 되지 아니하며 거꾸러뜨림을 당하여도 망하지 아니합니다." 우리는 우리 자신 때문에 사는 것이 아니라 내 안에 계신 예수님 때문에 사는 것입니다. 질그릇 같은 우리 자신의 힘과 능력으로 사는 것이 아니라 내 안에 있는 예수 그리스도의 능력으로 사는 것입니다.

나는 깨지기 쉽고 가치도 없는 질그릇이지만 내 안에 예수님이 계시기에 그리고 그리스도의 복음을 믿기에 그리스도의 능력으로, 복음의 능력으로 모든 것을 견디고 이기며 살 수 있습니다. 그렇기 때문에 사도 바울의 고백처럼 우리의 겉사람은 나이가 들면서 늙어 가고 낡아지지만 우리의 속사람은 날로 새로워지고 강건해집니다. 그리스도인은 겉사람의 힘으로 사는 것이 아니라 속사람의 힘으로 삽니다. 우리의 속사람은 살아갈수록, 믿어 갈수록 점점 더 새로워지고 점점 더 강해지기 때문입니다.

어느 날 교회 앞 버스정류장에서 버스를 기다리고 있는데 나이 많은 할머니 두 분이 이야기하는 것을 들었습니다. "걔 몇 살이래?", "응, 여든두 살이래.", "그래? 아직 새댁이구만." 그 말을 들으면서 깜짝 놀랐지만 매우 우습기도 하고, 재미있기도 하고, 충격적이기도 하고, 감동이 되기도 했습니다. 두 분은 아마도 80대 후반이나 90대 초반쯤 되었을 텐데 80세 초반을 '아직 새댁'이라고 부르는 것을 들으며 매우 건강하고 당당하고 힘차게 사시는 것으로 느껴졌기 때문입니다.

그리스도인은 이 땅에 소망을 두고 사는 것이 아니라 영원한 '하나님의 나라'에 소망을 두고 삽니다. 그렇기 때문에 이 땅에서 고난을 당하고 어려움을 당해도 낙심하거나 절망하지 않습니다. 이 땅의 삶이 전부가 아니고 오늘의 현실이 끝이 아니기 때문입니다. 이 땅에서 믿음으로 살면서 겪는 고난이 아무리 힘들고 어려워도 우리가 장차 하나님의 나라에서 받을 상급과 누릴 영광에 비하면 아무것도 아니기 때문입니다. 우리는 보이는 이 땅의 것을 바라고 사는 것이 아니라 보이지 않은 영원한 하나님의 나라를 바라보고 살기 때문입니다.

**여러분은 지금 어떤 삶을 살고 있나요? 보배이신 예수 그리스도를 내 안에 모신 사람답게, 영원한 하나님의 나라를 바라보고 살아가는 그리스도인답게 우리의 속사람이 날로 새로워지고 있나요?**

### 삶으로의 초대

나의 속사람을 날로 새롭게 하기 위하여 실천할 수 있는 일을 생각해 보고 옆사람과 나누어 봅시다.

### 기도로 아뢰기와 주기도

사랑의 하나님, 예수님을 보내 주셔서 우리를 구원하시고 하나님의 자녀 삼아 주신 것을 감사드립니다. 보배이신 그리스도가 내 안에 계셔서 우리의 속사람이 날로 새로워지게 하시니 감사합니다. 영원한 하나님의 나라에 소망을 두고 주님을 기다리며 기쁘고 즐겁게 믿음의 길을 달려가겠습니다. 예수 그리스도의 이름으로 기도합니다. 아멘.

# 제9과 약한 그때에 강함이라

주안점 / 신앙이란 자신의 연약함을 통해서 섭리하시는 그리스도의 능력의 열매입니다.

**오늘의 믿음구호 외치기! _ "주님의 은혜로 약한 것을 자랑합시다!"**

**★ 본문말씀 _ 고린도후서 12:7~10**

"나에게 이르시기를 내 은혜가 네게 족하도다 이는 내 능력이 약한 데서 온전하여짐이라 하신지라 그러므로 도리어 크게 기뻐함으로 나의 여러 약한 것들에 대하여 자랑하리니 이는 그리스도의 능력이 내게 머물게 하려 함이라"(9절).

**★ 함께 부르는 찬송 _ 찬송가 300장 1절**

1. 내 맘이 낙심되며 근심에 눌릴 때 주께서 내게 오사 위로해 주시네
   가는 길 캄캄하고 괴로움 많으나 주께서 함께하며 내 짐을 지시네
   그 은혜가 내게 족하네 그 은혜가 족하네 이 괴로운 세상 지날 때 그 은혜가 족하네

## 생각으로의 초대

일본에 미즈노 겐조라는 시인이 있습니다. 그는 1937년 태어나 초등학교 4학년 때 집단 이질을 앓고 난 후 뇌막염으로 표현능력을 상실한 지체장애자였습니다. 그가 오로지 할 수 있는 일은 눈으로 글자를 가리키면 그를 돕는 사람이 글자를 하나씩 조합해서 그가 무엇을 요구하는지를 알고 소통하던 사람이었습니다. 그런데 그가 어느 날 예수님을 알게 되고, 그의 어머니의 도움으로 시를 쓰면서 「내 은혜가 네게 족하다」, 「나의 나 된 것은 하나님의 은혜」라는 책 외에 여러 권의 시집을 발간하게 되었습니다. 그의 시집들이 많은 사람들에게 큰 감동을 주는 것은 오직 눈으로만 말하는 그의 연약함을 통해서 위대한 역사를 이루신 하나님을 느끼기 때문입니다.

## 말씀으로의 초대

### 1. 우리 몸의 가시 곧 연약함은 자고하지 않게 하려는 하나님의 섭리요, 은혜라는 것을 깨닫게 하십니다.

사도 바울은 삼층천의 경험을 이야기하면서 자신의 연약함을 언급합니다. 그는 육체의 연약함이 자신에게 걸림돌이라고 생각했던 것 같습니다. 그래서 그는 하나님께 자신의 연약함이 떠나가게 해 달라고 세 번씩이나 간구했습니다. 그런데 하나님께서는 바울에게 바로 연약함이 스스로 높아지려는 것을 막아 주는 은혜의 도구였다는 것을 깨닫게 하셨습니다.

우리들도 마찬가지입니다. '내게 돈만 더 있으면', '학식만 더 있으면', '여러 가지 달란트나 은사나 능력이 있으면' '더 잘할 수 있을 텐데.'라고 생각합니다. 그러나 하나님께서는 나의 약함은 나를 낮추기 위한 도구이자 이를 통해 하나님을 높이기 위한 도구라는 것을 깨닫게 하십니다. 그러므로 자신의 부족함과 연약함을 자책하고 원망하며 살지 말고 오히려 자신을 낮추셔서 하나님을 높이기 위한 도구와 기회로 삼고자 하시는 하나님의 깊으신 뜻과 섭리를 깨달아 살 수 있기를 바랍니다.

## 2. 내 능력이 약한 데서 하나님의 온전해지시는 역사를 이루심을 깨닫게 하십니다.

인간의 삶에 역설적인 것이 많다지만 신앙생활처럼 역설적인 삶이 많은 곳은 없을 것입니다. 그것은 우리가 생각한 것과 하나님의 생각이 다르기 때문입니다.

예를 들어 야곱이 20년 만에 고향으로 돌아올 때 그는 분명히 하나님과 약속한 땅 벧엘로 돌아와 자신이 서원한 것을 지키는 것이 우선순위였을 것입니다. 그런데 그는 형 에서가 400여 명의 장정을 보냈다는 사실에 겁을 먹고 종들을 시켜 끊임없이 인간적인 방법으로 문제를 해결해 보려고 노력합니다. 그리고 가족과 식솔들을 두 떼로 나누고 자신은 밤이 맞도록 얍복 나루터에서 하나님과 씨름하며 자신의 뜻대로 되기를 바라는 마음으로 간구했습니다. 그런데 자신의 뜻을 관철시키려는 노력을 굽히지 않자 하나님께서는 그를 사람이 하나님과 싸워 이긴 '이스라엘'이란 이름으로 개명시키시며 그의 환도뼈를 부러뜨리셨습니다. 야곱은 더 이상 물러설 곳도 없고 도망할 수도 없었습니다. 그리고 동이 터오는 아침에 형과 대면할 수밖에 없는 상황에 처하게 됩니다.

야곱이 절룩거리며 형 앞으로 가다가 예를 갖추기 위해 땅 바닥에 엎드려 일곱 번이나 예를 표하며 형 앞으로 갔을 때 놀라운 일이 생깁니다. 죽이러 쫓아온 형이 그를 안고 하염없이 우는 것입니다. 아니 어떻게 이렇게 싱겁게 문제가 해결될 수 있습니까? 그것은 야곱이 얍복 나루에서 씨름했었을 때 고집을 피우다 매를 맞아 환도뼈가 부러진 사건이 문제의 열쇠가 된 것입니다.

그러므로 여러분 자신의 부족함과 연약함을 탓하지 말고 더 큰 하나님의 은혜의 역사가 나타나 삶이 온전해지고 그리스도의 은혜와 능력이 우리의 삶이 되게 하시는 섭리가 있게 될 줄로 믿으시기 바랍니다.

## 3. 약한 것을 기뻐하고 자랑하는 자들이 될 수 있기를 바랍니다.

왜냐하면 그리스도를 위하여 약한 것들과 능욕과 궁핍과 박해와 곤고를 기뻐하라고 하는 것은 이것이 전도자로서 그리스도를 더 많은 곳에 전파되게 하시는 역사를 이루는 동기가 된다는 것을 깨달은 바울의 권면입니다. 그러므로 자신의 연약한 모습을 탓하지 말고 도리어 그 모습 그대로 주님께 드려 복음 전파를 위해서 존귀히 사용되는 성도들의 삶이 되시기를 바랍니다. 그래서 그 은혜와 역사가 간증이 되고 자랑이 되고 우리의 신앙 생활에 기쁨이 될 수 있기를 바랍니다.

### 삶으로의 초대

자신의 장점과 단점을 나누어 봅시다. 서로 상대방의 부족함을 채우고 연약함을 이해하기로 결단한 후, 서로를 위해 중보기도하는 시간을 가져 봅시다.

### 기도로 아뢰기와 주기도

아버지 하나님, 저의 부족함과 연약함을 돌아보며 스스로를 탓하기보다, 저의 약한 부분을 사용하셔서 자신의 뜻을 드러내는 하나님으로 인하여 기뻐하는 삶을 살게 하옵소서. 예수 그리스도의 이름으로 기도합니다. 아멘.

# 제10과 그에게까지 자랄지라

주안점 / 성도는 사랑 안에서 우리의 머리가 되신 그리스도에게까지 끊임없이 자라야 합니다.

**오늘의 믿음구호 외치기! _ "범사에 자랍시다! 그에게까지 자랍시다!"**

**★ 본문말씀 _ 에베소서 4:13~16**

"오직 사랑 안에서 참된 것을 하여 범사에 그에게까지 자랄지라 그는 머리니 곧 그리스도라"(15절).

**★ 함께 부르는 찬송 _ 찬송가 455장 1절**

1. 주님의 마음을 본받는 자 그 맘에 평강이 찾아옴은 험악한 세상을 이길 힘이 하늘로부터 임함이로다
   주님의 마음 본받아 살면서 그 거룩하심 나도 이루리

## 생각으로의 초대

"나는 사람들이 자신이 할 수 있다고 짐작하는 것보다 훨씬 더 큰 성취를 이뤄 낼 수 있다고 믿습니다. 물론 그런 일을 시도할 만큼 충분한 '바보'가 먼저 되어야 합니다." (에드 휘틀록)

86세의 에드 휘틀록은 2016년 10월, 캐나다 토론토 워터프론트 마라톤에서 42.195km의 풀코스를 3시간 56분 34초의 기록으로 완주했다. 그는 마라톤 풀코스를 4시간 안에 주파한 세계 최고령자가 되었다. 그런데 "뉴욕타임스"가 소개한 그의 일상은 너무 평범했다. 그는 코치도 없고, 특별한 식단을 따르지도 않고, 휴식을 위해 정기적인 마사지를 받지도 않는다. 심지어 기록을 달성한 마라톤 대회에서도 15년 된 신발을 신고, 30년 된 러닝셔츠를 입고 뛰었다.

그의 운동 능력의 비결은 무엇일까? 마이클 조이너 박사는 고령의 나이에도 왕성하게 활동하는 사람들에게는 "마음속에 열세 살 소년이 아직 살아 있으며, 육체적이고 정서적인 활력으로 가득 차 있다."고 했다. 조이너 박사는 "노화의 대부분은 의지에 달려 있다."고 지적했다. (한국일보, 2017. 1. 3.)

오랫동안 써 왔던 김 할아버지의 폴더폰이 그만 고장나고 말았다. 마침 명절에 집에 온 아들에게 "나도 스마트폰이 있었으면 좋겠다."고 했더니, 아들이 대뜸 "아버지는 스마트폰 쓰기 힘들어요. 그냥 폴더폰으로 바꾸어 드릴게요."라고 했다. 그날 밤, 할아버지는 밤잠을 설쳤다.

### 만약 내가 이 같은 상황을 만났다면 어떤 마음이 들었을까요?

## 말씀으로의 초대

### 1. 성도는 힘써 자라야 합니다.

바울은 하나님의 아들을 믿고 아는 일에 하나가 되고 성숙한 사람이 되어 그리스도의 완전하신 충만에까지 성장하라고 에베소 성도들에게 권면합니다. 그렇게 될 때 성도는 어린아이처럼 쉽게 미혹되거나 혼란스러워하지 않고, 거짓 교사의 가르침에도 흔들리지 않게 됩니다. 우리는 그리스도를 향해 자라 가야 합니다. 성도는 이미 예수 그리스도를 믿는 사람이지만, 그리스도의 온전한 몸을 이루기 위해서 더욱 그리스도를 알아 가며 성장하고 성숙해야 합니다. 성장과 성숙을 이루지 못한다면 병든 것입니다. 생명력 있는 신앙은 날마다 자라게 됩니다. 우리는 그리스도께서 원하시는 사랑으로 행하며 진리를 추구하는 수고를 쉬지 말아야 합니다.

성도의 길은 마라톤과 같습니다. 하루아침에 성도의 길이 완성되는 것이 아닙니다. 먼 길을 가야 합니다. 때로는 힘들어 지치기 쉽습니다. 그럴 때마다 유혹이 따라오기도 합니다. 그러나 마라토너는 마지막 골인 지점을 바라보며 쉬지 않고 달립니다. 우리의 목표는 예수 그리스도입니다. 그리스도께서 모든 일의 머리가 되시기 때문입니다. 그분을 보며, 그분을 닮아 자라 가야 합니다.

## 2. 성도는 함께 자라야 합니다.

"그에게서 온 몸이 각 마디를 통하여 도움을 받음으로 연결되고 결합되어 각 지체의 분량대로 역사하여 그 몸을 자라게 하며 사랑 안에서 스스로 세우느니라"(16절). 바울은 에베소 교인들에게 교회의 본질을 강조합니다. 교회는 본질상 한 몸입니다. 교회는 그리스도의 몸으로서 그분께 속해 있습니다. 몸의 각 부분이 연결되고 결합해 몸 전체를 이루듯, 지체가 모여 이룬 것이 교회입니다. 각 지체가 자기 분량대로 자신의 일을 감당할 때 몸은 자라게 됩니다.

마라톤 중계 장면을 보면, 그룹별로 함께 달리는 것을 보게 됩니다. 함께 달리면 공기 저항을 줄일 수 있고, 서로에게 페이스메이커가 되어 보다 쉽게 달릴 수 있기 때문입니다. 마찬가지로 교회는 공동체로서 함께 자라야 합니다. 우리는 몸의 각 지체처럼 각자의 역할이 있습니다. 지체가 동시에 한 몸 안에 있듯이, 한 몸 된 다른 지체를 사랑하고 잘 섬기면서 함께 성장해 나가야 합니다. 하나님은 우리를 그리스도 안에서 한 몸으로 부르셨습니다. 우리는 머리 되신 그리스도께 연결되어 있습니다. 그러므로 우리는 특정한 몇 사람에게만 집중하는 것이 아니라 모든 성도의 성장과 성숙에 관심을 가져야 합니다.

나는 여전히 성장과 성숙을 기대하고 있습니까? 내가 속한 교회와 소그룹 안에서 함께 돕고 격려하고 자라기를 힘쓰고 있습니까? 그 구체적인 노력은 무엇입니까?

### 삶으로의 초대

**〈국민건강체조 배우기: 앉아서 하는 체조 매뉴얼〉**

유튜브에서 "국민건강체조–앉아서 하는 체조 매뉴얼"을 검색합니다.

**〈나의 건강테스트〉**

자신의 건강지수를 스스로 체크해 보고, 목표를 설정하여 실천합니다.

| 일반건강 | 정도 | 목표 | 영적건강 | 정도 | 목표 |
|---|---|---|---|---|---|
| 식사 | 상 중 하 | | 예배생활 | 상 중 하 | |
| 근력 운동 | 상 중 하 | | 기도생활 | 상 중 하 | |
| 수면 | 상 중 하 | | 말씀생활 | 상 중 하 | |
| 친목모임 | 상 중 하 | | 전도생활 | 상 중 하 | |
| 동네산책 | 상 중 하 | | 소그룹모임 | 상 중 하 | |

### 기도로 아뢰기와 주기도

좋으신 하나님! 바울이 에베소 교인들에게 권면하였듯이, 우리의 신앙도 더욱 성장하고 성숙하길 원합니다. 그래서 세상의 유혹과 시험에 넘어가거나 휩쓸려 요동하지 않고, 오직 범사에 참된 것을 하여 그리스도에게까지 자라길 원합니다. 또한 성도들과 더불어 서로를 돕고 격려하여 함께 달려가는 교회가 되게 하여 주옵소서. 예수 그리스도의 이름으로 기도합니다. 아멘.

# 제11과 새사람을 입으라

주안점 / 주님 앞에서 버려야 할 습관을 찾아서 버리고,
새로운 습관을 찾아서 정리하여 매일 훈련합시다.

**오늘의 믿음구호 외치기! _ "새로운 습관으로 새 사람이 됩시다!"**

**★ 본문말씀 _ 에베소서 4:17~24**

"오직 너희의 심령이 새롭게 되어 하나님을 따라 의와 진리의 거룩함으로 지으심을 받은 새 사람을 입으라" (23-24절).

**★ 함께 부르는 찬송 _ 찬송가 191장 1절**

1. 내가 매일 기쁘게 순례의 길 행함은 주의 팔이 나를 안보함이요
   내가 주의 큰 복을 받는 참된 비결은 주의 영이 함께함이라
   성령이 계시네 할렐루야 함께하시네 좁은 길을 걸으며 밤낮 기뻐하는 것 주의 영이 함께함이라

## 생각으로의 초대

어떤 사람이 친구와 기차를 타고 장거리 여행을 하게 되었습니다. 그런데 함께 여행하는 친구는 불면증이 있어서 매일 수면제를 먹어야 잠을 잘 수 있었습니다. 수면제를 먹고 잠을 자는 것은 그의 오래된 습관이었습니다. 기차를 타고 여행을 하는 중에, 하루 저녁은 창에 기대어 이야기를 나누다가 오늘은 너무 피곤하다며 하품을 몇 번 하더니 그만 잠이 들어 버렸습니다. 그런데 잠시 후 친구는 자다가 벌떡 일어났습니다. 그리고는 "아, 수면제 먹는 것을 깜빡 잊어 버렸네!" 하고는 수면제를 찾아 먹고는 다시 잠자리에 들었습니다. 잠을 자기 위해서 수면제를 먹는 것인데, 이 친구를 잠을 잘 자다가도 일어나 수면제를 챙겨 먹었던 것입니다. 습관이라는 것이 이렇게 무서운 것입니다.

박 할머니는 가까이 지내던 이웃 친구가 권해서 교회에 나오기 시작하지 2년 가까이 되었습니다. 처음에는 예배도 어색하고 찬송 부는 것, 기도하는 것, 성경을 찾아서 읽는 것, 모든 것이 어색했습니다. 거기다 목사님의 말(설교)을 듣기는 들어도 무슨 뜻인지 알아들을 수가 없었습니다. 이제는 조금씩 익숙해지고 마음을 붙이게 되었습니다. 무엇보다 주일이 기다려지고 예배가 즐거워졌습니다. 그리고 전에 없던 습관이 생겼습니다. 매일 일어나면 하나님께 기도하고, 오전에 시간을 내어서 성경을 읽는 습관도 생겼습니다. 무슨 말을 할 때, 어떻게 말을 해야 하나님이 더 기뻐하실까 하는 생각을 하게 되었습니다.

**예수님을 믿고 교회를 다니면서 어떤 습관을 갖고 있습니까?**

## 말씀으로의 초대

### 1. 습관이 바로 그 사람입니다.

사람들은 습관을 바탕으로 삽니다. 사람들이 하는 일상적인 행동의 70% 이상이 습관적으로 하는 행동이라고 합니다. 습관적으로 말하고, 습관적으로 움직이고, 습관적으로 판단하고, 습관적으로 생각한다는 것입니다. 뿐만 아니라 우리는 살면서 습관을 만들고 그 습관은 또 나를 만듭니다. "처음엔 우리가 습관을 만들지만, 그 다음엔 습관이 우리를 만든다"(존 드라이든). 그렇습니다. 하나님은 우리를 습관의 동물로 만드셨습니다. "주님은 우리가 습관의 동물임을 아신다. 그분이 우리를 그렇게 창조하셨다"(제임스 스미스). 새사람이 되고 싶으면 새로운 습관을 만들면 됩니다. 삶을 변화시키고 나를 변화시키는 가장 확실한 방법은 습관을 바꾸는 것입니다. 습관을 바꾸면 변화가 생기고 새로운 사람이 됩니다. 하나님을 잘 믿는 사람이 되고 싶으면 예배를 잘 드리고 기도를 꾸준히 하고 성경을 꾸준히 읽는 습관을 들이면 됩니다. 범사에 감사하는 습관을 들이면 감사하는 사람이 됩니다.

## 2. 옛 습관을 버리고 새 습관을 가진 사람이 되어야 합니다.

성경은 우리에게 새사람을 입으라, 새사람이 되라고 했습니다. 새사람을 입는 것은 다름이 아니라 새 습관을 갖는 것입니다. 새 습관을 가지면 새사람이 됩니다. 우리는 예수님을 믿어서 새로운 피조물이 되었습니다. 예수님의 은혜로 새사람이 된 것입니다. 이제 예수님을 믿는 사람에 맞는 새로운 습관을 갖고 살아야 합니다. 예수님을 믿는 사람에게 어울리지 않는 옛 습관을 버려야 합니다(엡 4:22). 게으른 습관, 다른 사람을 속이고 거짓말하는 습관, 다른 사람을 헐뜯는 습관, 불평하고 원망하는 습관, 세상 욕심을 탐하는 습관, 세상 재미에 빠져드는 습관 등 이런 습관들이 버려야 할 옛 습관입니다. 대신에 주일이면 어김없이 교회에 가서 예배를 드리는 습관, 매일 규칙적으로 기도하고 성경을 읽는 습관, 항상 기뻐하며 긍정적으로 생각하고 말하는 습관, 다른 사람을 돕고 배려하는 습관을 만들어 가야 합니다.

### 삶으로의 초대

**〈습관게임〉**

1. 명함 크기의 메모지(1사람당 10장)와 필기도구와 파란색, 빨간색 바구니 두 개를 준비합니다.
2. 필기도구는 두 종류로 파란색 펜과 빨간색 펜으로 준비합니다.
3. 5장의 메모지에 파란색으로 우리가 가져야 할 새로운 습관을 한 가지씩 적습니다.

4. 새로운 습관을 기록한 메모지를 모아서 파란색 바구니에 담고, 앞에 둡니다.
5. 나머지 5장의 메모지에는 내가 버려야 할 습관을 한 가지씩 적습니다.
6. 내가 버려야 할 습관을 기록한 5장의 메모지를 들고 나와 빨간색 바구니에 버리고, 옆에 있는 파란색 바구니에서 눈을 감고 5장을 가져갑니다.
7. 들고 온 5장의 메모지를 펴서 보면서 중복되는 것이 있으면 좌우에 있는 사람과 맞추어 보면서 서로 바꾸도록 합니다.
8. 최종적으로 갖게 된 5개의 메모지에 적힌 새로운 습관을 아래 문장처럼 소리내어 모두에게 소개합니다.
   "나, __________(이)는 앞으로 ____________ 습관을 갖도록 노력하겠습니다."

### 기도로 아뢰기와 주기도

주님, 제가 갖고 있는 잘못된 습관을 버리고 주님이 기뻐하시는 새로운 습관을 가져서 새사람이 되어 주님께 영광 돌리며 살게 하옵소서! 예수 그리스도의 이름으로 기도합니다. 아멘.

# 제12과 하나님의 전신갑주를 입으라

주안점 / 전쟁에 이기기 위해서 무기로 무장해야 하는 것처럼,
영적 전쟁에서 이기려면 하나님이 주시는 전신갑주로 무장해야 합니다.

**오늘의 믿음구호 외치기! _ "마귀와의 싸움에서 이겨야 합니다!"**

**★ 본문말씀 _ 에베소서 6:10~18**

"그러므로 하나님의 전신갑주를 취하라 이는 악한 날에 너희가 능히 대적하고 모든 일을 행한 후에 서기 위함이라"(13절).

**★ 함께 부르는 찬송 _ 찬송가 348장 1절**

1. 마귀들과 싸울지라 죄악 벗은 형제여 담대하게 싸울지라 저기 악한 적병과
심판 날과 멸망의 날 네가 섰는 눈앞에 곧 다가오리라
영광 영광 할렐루야 영광 영광 할렐루야 영광 영광 할렐루야 곧 승리하리라

## 생각으로의 초대

기도도 열심히 하시고 교회 봉사도 열심히 하시는 믿음 좋은 집사님이 있었습니다. 어느 날 그분의 큰 딸이 결혼하게 되었습니다. 그런데 결혼 날짜를 어디서 받아왔다는 것입니다. 누가 물었습니다. “집사님, 예수님을 믿는 사람이 결혼 날짜를 점쟁이에게 받아오면 됩니까?” 이 말을 듣고 집사님이 이렇게 대답했습니다. “그래도 그런 게 아니여. 예수님을 믿어도 전통이라는 게 있는데 이왕이면 좋은 날에 하는 게 좋지 않겠어?” 이런 일이 우리 주위에 비일비재합니다. 그래서 어떤 목사님이 이렇게 말했습니다. “한국 기독교인은 몸은 교회, 생각은 불교, 살기는 유교, 믿기는 무속적으로 합니다. 이래서 예수님을 믿고 교회를 다녀도 늘 불안하고 걱정이 많고 신경쓸 게 많은 것입니다.” 우리들은 어떤지 모르겠습니다. 정말로 “오직 예수!” 이 믿음으로 사는지 아니면 예수님을 믿는다 하면서 다른 믿음으로 사는지 생각해 봐야 합니다.

어느 시골 교회에서 장로님 선출을 위한 투표가 있었습니다. 너무너무 장로님이 되고 싶었던 노인 집사님이 계셨습니다. 투표를 하는 주일 날 아침 일찍 일어났습니다. 목욕재계(沐浴齋戒)를 하고 정중하게 꿇어앉았습니다. 이 집사님이 무엇을 하셨을까요? 기도하면 얼마나 좋았겠습니까마는 집사님은 무당이 점칠 때 쓰는 산통을 꺼내서 점대를 뽑았다고 합니다. 장로님이 되는지 안 되는지 궁금해서요. 웃고 넘어갈 문제가 아닙니다. 입으로는 하나님을 믿는다 하면서 사는 모습은 하나님이 아닌 사탄을 따르는 모습이 우리 주위에 많습니다.

### 만일 내가 위의 집사님 같았으면 어떻게 했어야 했을까요?

하나님은 ___________(이)가 사탄에 지지 않기를 원하십니다.

## 말씀으로의 초대

### 1. 세상에는 눈에 보이는 적과 싸우는 전쟁도 있지만 눈에 보이지 않는 사탄과 싸우는 전쟁도 있습니다.

영적 전쟁은 전쟁 중에서 가장 오래되고, 가장 치열한 전쟁입니다. 사탄과 싸우는 전쟁이기 때문입니다. 사탄은 우리가 예수님을 잘 믿고 천국 가는 일을 제일 싫어합니다. 그래서 에덴동산에서 아담과 하와가 살던 때부터 지금까지 계속 우리의 신앙을 방해합니다. 때로는 전통으로, 우상숭배로, 돈으로, 성도들이 하나님을 믿는 믿음에서 멀어지게 합니다.

사탄이 우리의 신앙을 방해하는 일을 얼마나 조직적으로 잘하는지 성경은 이렇게 말씀합니다. "통치자들과 권세들과 이 어둠의 세상 주관자들과 하늘에 있는 악의 영들을 상대함이라"(엡 6:12). 세상이 점점 악해지고, 하나님에게서 멀어지고, 믿음이 약해지는 현상은 사탄들이 이렇게 조직적으로, 집요하게 우리 믿음을 방해하고 있기 때문입니다. 정신을 바짝 차리지 않으면 신앙생활을 제대로 못합니다. 신앙생활을 제대로 못하면 천국으로 가는 길에서 멀어집니다. 문제는 우리의 신앙을 방해하는 사탄이 우리 눈에 보이지 않는다는 사실입니다. 그래서 영적인 전쟁이라고 하는 것입니다. 적이 우리 눈에 보이지 않는데 어떻게 싸워서 이길 수 있습니까? 우리의 힘으로는 이기지 못하지만 이기는 방법은 분명히 있습니다.

## 2. 하나님의 전신갑주를 입으면 됩니다.

전쟁에 나갈 때 군인들은 방탄복을 입습니다. 불을 꺼야 하는 소방관들은 소방복을 입습니다. 그래야 전쟁에서 승리하고 불을 끌 수 있습니다. 우리의 신앙을 방해하고, 예수님을 제대로 믿지 못하게 하는 사탄과 싸워서 이길 수 있도록 하나님은 온몸을 무장하는 전신갑주를 주셨습니다. 첫째는 '진리의 허리띠'입니다. 하나님의 말씀입니다. 둘째는 '의의 호심경'입니다. 깨끗하고 의로운 생활입니다. 셋째는 '평안의 복음의 신'입니다. 우리에게 평안을 주시는 하나님의 능력입니다. 넷째는 '믿음의 방패'입니다. 굳은 믿음이 있어야 사탄이 쏘는 불화살을 막을 수 있습니다. 다섯째는 '구원의 투구'입니다. 투구는 머리를 보호합니다. 나는 예수님을 믿어 구원을 받은 사람이라는 생각으로 항상 무장합니다. 여섯째는 '성령의 검'입니다. 하나님의 말씀이 내 속에 있으면 사탄에게 칼처럼 휘두를 수 있습니다. 일곱째는 '기도와 간구'입니다. 전신갑주로 무장을 해도 하나님께 기도와 간구로 아뢰야 합니다. 그래야 눈에 보이지 않는 사탄 마귀와의 영적 전쟁에서 승리할 수 있습니다. 결국은 하나님께서 나를 도와주셔야 합니다.

사탄이 우리 신앙을 어떻게 방해하고 있는지 생각해 보고, 영적 전쟁에서 이기기 위해서 나는 얼마나 전신갑주로 무장하고 있는지 점검해 봅시다.

## 삶으로의 초대

우리 신앙을 방해하는 사탄의 방해들에는 어떤 것들이 있을지 서로 말해 보면서 큰 종이에 기록해 봅시다.

**〈함께 만드는 전신갑주〉**

1. 준비물 : 종이(A3 용지) 여러 장과 매직펜, 신문지 여러 장
2. 진행방법

1) 우리 신앙을 방해하는 사탄의 방해들을 종이에 기록합니다. (예:시기, 질투, 이단, 걱정, 근심, 돈, 세속적인 유행 등)
2) 기록된 종이를 테이프로 벽에 한 부분만 헐겁게 붙입니다.
3) 신문지로는 칼과 모자(투구)와 신발과 호심경(흉배)등을 접습니다.
4) 신문지로 접은 것을 신체 해당 부위에 붙이고 신문지로 만든 칼로 벽에 붙은 종이들을 떼어 냅니다.
5) "하나님의 전신갑주로 사탄의 방해를 처단한다!"라고 외치면서 종이를 떼어 냅니다.
6) 활동을 마친 후, 느낀 점과 앞으로의 다짐을 이야기해 봅니다. 한 사람이 이야기를 마칠 때마다 격려의 박수를 보냅니다.

## 기도로 아뢰기와 주기도

사랑의 하나님, 우리를 죄에서 구원하기 위하여 예수님을 보내 주시고, 우리의 죄를 대신해 십자가에 달려 죽으신 예수님의 사랑에 감사드립니다. 예수님을 잘 믿고, 천국에 갈 때까지 신앙으로 살게 해 주시옵소서. 사탄의 방해에도 이길 수 있는 전신갑주를 주셨으니 영적인 전쟁에서 승리하게 하옵소서. 예수 그리스도의 이름으로 기도합니다. 아멘.

# 제13과 주 안에서 항상 기뻐하라

주안점 / 항상 기뻐하는 것이 예수님 안에 있는 증거입니다.

**오늘의 믿음구호 외치기! _ "우리는 항상 기뻐해야 합니다!"**

**★ 본문말씀 _ 빌립보서 4:4~7**

"주 안에서 항상 기뻐하라 내가 다시 말하노니 기뻐하라"(4절).

**★ 함께 부르는 찬송 _ 찬송가 310장 1절**

1. 아 하나님의 은혜로 이 쓸데없는 자 왜 구속하여 주는지 난 알 수 없도다
   내가 믿고 또 의지함은 내 모든 형편 아시는 주님 늘 보호해 주실 것을 나는 확실히 아네

## 생각으로의 초대

한 성도가 먼 곳으로 이사를 가게 되어 부득불 교회를 옮길 수밖에 없었습니다. 처음 이사 온 동네라 어떤 교회가 좋은 교회인지 알 수가 없었습니다. 그렇다고 주일에 교회를 안 가면 안 되겠기에 무작정 밖으로 나와서 길을 걸었습니다. 경찰관이 있길래 물었습니다. “이 근처에서 어느 교회가 좋은 교회입니까?” 경찰관은 고민도 하지 않고 조금 떨어진 교회를 추천했습니다. 경찰관의 말을 듣고 그 교회로 가는데 왜 그 교회를 추천했을까가 궁금했습니다. 다시 돌아와서 경찰관에게 물었습니다. “이 근처에 교회가 많은데 왜 그 교회를 추천했습니까?” 경찰관이 이렇게 대답했습니다. “네, 저는 교회를 다니지 않아서 어떤 교회가 좋은 교회인지는 잘 모릅니다. 저는 단지 그 교회에서 예배드리고 나오는 사람들의 얼굴이 너무 평화롭고 기쁨으로 가득 차 보여서 틀림없이 좋은 교회라고 생각했습니다. 그리고 저도 언젠가는 그 교회에 다닐 마음을 가지고 있습니다.” 믿음이 없는 경찰관이 좋은 교회라고 생각하고, 자신도 다니고 싶은 교회라고 생각하는 곳은 성도들의 얼굴과 마음이 항상 기쁜 교회였습니다.

기쁨은 예수님을 믿는 성도들이 꼭 가져야 할 태도입니다. 그런데 세상의 교회와 성도들은 이런 모습을 갖지 못합니다. 사는 게 힘듭니다. 인상을 쓰고 걱정하게 하는 일들이 많습니다. 하지만 이러한 세상에서 주님의 은혜를 기뻐하면서 사는 사람을 진짜 성도라고 말합니다. 위에서 말씀드린 경찰관처럼 말입니다. 성경은 우리에게 “항상 기뻐하라 내가 다시 말하노니 기뻐하라”라고 말합니다.

### 만일 경찰관이 나와 우리 교회를 보았다면 뭐라고 생각했을까요?

하나님은 ____________(이)가 항상 기뻐하기를 원하십니다.

## 말씀으로의 초대

### 1. 주님 안에 있어야 기뻐할 수 있습니다.

우리가 사는 세상에는 복잡한 일들과 가슴 아프게 만드는 일들이 많습니다. 그래서 항상 기뻐하기가 어렵습니다. 하지만 항상 기뻐할 수 있는 방법이 있습니다. “주

안에서 항상 기뻐하라 내가 다시 말하노니 기뻐하라"(빌 4:4). 주님 안에 있으면 기뻐할 수 있습니다. 삶에서 좋은 일이 있어야만 기뻐하는 게 아닙니다. 우리가 누릴 참된 기쁨은 오직 주님 안에 있습니다. 주님을 떠나서는 어느 곳에서도 참된 기쁨을 누릴 수 없습니다. 가끔 일이 잘 되고 가진 것이 많을 때 기쁨을 누리기도 합니다. 하지만 이런 기쁨은 영원하지 못합니다. 잘 되던 일들이 어려워지고 가진 것이 줄어들면 언제든지 없어질 기쁨입니다. 상황에 따라 변하는 기쁨은 참된 기쁨이 아닙니다. 나를 위해 세상에 오시고, 나를 위해 죽으심으로 구원과 영생을 주신 예수님의 은혜를 확실히 알고, 예수님을 나의 주인으로 모시고 살아야만 완전한 기쁨이 있습니다. 이런 기쁨은 환경에 영향을 받지 않기 때문에 항상 기뻐할 수 있습니다. 그래서 성경은 주 안에서 기뻐하라고 말씀하신 것입니다. 꼭 기억하십시오. 주님 안에 있어야만 항상 기뻐할 수 있습니다. 이것이야말로 변하지 않는 진짜 기쁨입니다.

### 2. 기쁨을 주실 줄로 믿고 기도해야 합니다.

사도 바울은 기뻐할 수 있는 비결을 말합니다. "아무것도 염려하지 말고 다만 모든 일에 기도와 간구로, 너희 구할 것을 감사함으로 하나님께 아뢰라 그리하면 모든 지각에 뛰어난 하나님의 평강이 그리스도 예수 안에서 너희 마음과 생각을 지키시리라"(빌 4:6-7). 세상에는 근심된 일이 많기에 염려하며 살게 됩니다. 하지만 우리는 다릅니다. 기쁨을 주시는 주님을 믿습니다. 이 사실을 믿어야 우리의 마음을 누르는 염려에서 벗어날 수 있습니다. 이스라엘 백성들이 모세를 따라 애굽에서 나왔습니다. 하나님은 구름기둥과 불기둥으로 이들과 함께했지만 백성들은 광야생활 내내 불평했습니다. 하나님의 도우심에도 염려하고 불평한 사람은 가나안에 들어가지 못했습니다. 하나님께서 함께하심을 믿었던 여호수아와 갈렙은 가나안에 들어갈 수 있었습니다. 하나님께서 나와 함께하심을 믿는 사람은 광야 가운데서도 기뻐할 수 있습니다. 하나님은 이런 사람에게 하나님의 나라를 경험하게 허락해 주십니다.

우리의 삶에서 염려할 일이 파도같이 몰려와도 하나님을 믿으니 염려하지 않는 사람이 되기를 원합니다. 우리가 할 일은 오직 주님을 믿고 감사하며 기뻐하는 일입니다.

### 삶으로의 초대

염려할 일이 몰려왔어도 그래도 감사할 수 있는 믿음을 서로에게 보여 주는 훈련을 하겠습니다.

**〈슬픔을 기쁨으로〉**

1. 준비물:A4 종이, 크레파스 혹은 필기도구
2. 진행방법
   1) 일인당 2장의 종이와 필기도구를 나누어 줍니다. (크레파스가 있으면 2인당 1조를 사용하게 합니다.)
   2) 시간을 10분 정도 주고 그동안 살면서 가장 슬펐고 염려했던 일들을 그림으로 그려 보게 합니다.
   3) 그림을 다 그린 후, 원을 만들어 앉게 합니다. 원 가운데 한 사람씩 나와서 그림의 내용을 설명합니다. (이때, 인도자는 슬픈 일을 어떻게 극복했고, 어떻게 기쁨이 되었는지에 초점을 맞추게 합니다.)
   4) 설명을 마치면 서로에게 격려의 박수를 치고 이 중에서 가장 큰 기쁨을 설명한 사람에게 시상을 하면 더욱 좋습니다.
   5) 교실에 그림을 게시하면서 기쁨의 내용을 기억하게 합니다.

### 기도로 아뢰기와 주기도

사랑의 하나님, 우리를 위하여 예수님을 보내 주시고 천국을 약속해 주셔서 감사합니다. 바로 이 감사가 우리에게 가장 큰 기쁨이 되게 하옵소서. 세상의 다른 일이 예수님을 믿는 기쁨보다 크지 않게 하시고, 오직 예수님의 은혜를 깊이 알고, 우리를 구원하신 예수님의 은혜로 항상 기뻐하게 하옵소서. 예수 그리스도의 이름으로 기도합니다. 아멘.

# 제14과 하나님의 뜻

주안점 / 우리를 향하신 하나님의 뜻을 이루며 살아갑시다.

**오늘의 믿음구호 외치기! _ "항상 기쁘게! 쉬지 말고 기도! 범사에 감사!"**

**★ 본문말씀 _ 데살로니가전서 5:16~18**

"항상 기뻐하라 쉬지 말고 기도하라 범사에 감사하라 이것이 그리스도 예수 안에서 너희를 향하신 하나님의 뜻이니라"(16-18절).

**★ 함께 부르는 찬송 _ 찬송가 364장 1절**

1. 내 기도 하는 그 시간 그때가 가장 즐겁다 이 세상 근심 걱정에 얽매인 나를 부르사
   내 진정 소원 주 앞에 낱낱이 바로 아뢰어 큰 불행 당해 슬플 때 나 위로받게 하시네

## 생각으로의 초대

소설과 영화로 소개된 「낮은 데로 임하소서」의 주인공 안요한 목사님의 이야기입니다. 그는 목사님의 아들로 태어나 가난한 개척교회에서 생활하는 것이 너무나 싫어 하나님을 떠나 방황을 했던 시절이 있었습니다. 그러다가 30대 중반에 원인 모를 병으로 실명을 하게 됩니다. 그는 절망감에 자살까지 시도했지만 하나님의 말씀을 듣고 하나님 품으로 돌아와 아버지의 뒤를 이어 신학을 하게 됩니다. 어느 날 학교 식당에서 밥을 먹던 중에 갑자기 정전이 되었습니다. 다른 학우들은 당황하여 소리를 지르고 밥 먹는 것을 중단했지만 자신은 앞을 보지 못하기 때문에 정전이 되어도 여유롭게 밥을 먹을 수 있어 하나님께 감사했다는 이야기를 들려주었습니다.

박 할아버지는 몸도 마음도 많이 아파 자식에게 짐이 된다며 빨리 죽었으면 하는 말을 자주 하는 편입니다. 그러나 생명은 하나님께 달려 있는 것이고 문제가 있는 가운데서도 안요한 목사님처럼 감사의 틈바구니를 발견하여 감사하는 것이 귀한 신앙입니다. 하나님은 그 문제를 들으시고 해결해 주시기를 원하십니다.

혹시 나는 아프거나 문제가 있을 때 어떤 생각이 드나요?

## 말씀으로의 초대

### 1. 하나님의 뜻은 항상 기뻐하며 쉬지 말고 기도하는 것입니다.

우리가 살아가는 세상을 보면 슬프고 힘든 일이 많지만 믿음 안에서 기쁨을 누려야 합니다. 이 기쁨은 우리 예수님이 주신 것이기에 세상에서 주는 기쁨과는 전혀 다른 것입니다. 빌립보서는 사도 바울이 감옥에서 쓴 편지입니다. 더군다나 사도 바울은 사형 판결을 받고 죽음을 앞에 두고 있었던 상황입니다. 그런데 사도 바울이 빌립보 교인들에게 특히 강조한 것은 바로 기쁨이었습니다. 빌립보서 4장 4절에 보면 "주 안에서 항상 기뻐하라 내가 다시 말하노니 기뻐하라"는 말씀이 나옵니다. 죽음을 앞에 둔 바울이 이렇게 기쁨을 말할 수 있었던 것은 그 기쁨이 하늘의 기쁨이었고 주 안에서 기쁨이기에 가능했던 것입니다. 또한 기쁨의 생활과 함께 하나님의 뜻은 쉬지 말고 기도하는 것입니다. 기도는 영혼의 호흡이라는 말이 있습니다. 호흡이 멈추면 죽은 것입니다. 우리가 신앙생활을 한다고 하면서 기도를 하지 않으면 하나님과의 교제에 문제가 생깁니다. 그러므로 기도는 신앙생활의 선택이 아니라 필수입니다. 이런 말이 있습니다. "일할 때 일하는 것은 나 자신이지만 기도할 때 일하시는 분은 하나님이시다."

## 2. 하나님의 뜻은 범사에 감사하는 것입니다.

여기서 말하는 범사는 모든 일이라는 말입니다. 좋은 일도 범사고, 병들었을 때도 범사고, 사기를 당한 것도 범사고, 심지어 죽음의 순간도 범사입니다. 제5공화국 시절 지금은 미얀마라고 불리는 버마 아웅산 국립묘지에서 우리나라 정부 각료들이 북한에서 설치한 폭탄에 의하여 죽음을 맞이한 충격적인 사건이 있었습니다. 그들의 장례식이 전 국민의 애도 속에 진행되었는데 당시 아버지를 잃은 한 고등학생의 인터뷰 기사를 읽은 적이 있습니다. "아버지가 제 곁을 떠나셔서 너무나 슬프고 아픕니다. 그러나 이런 좋은 아버지를 18년간 저에게 주신 하나님께 감사를 드립니다." 참으로 눈물겨운 감사의 고백이었습니다. 우리가 이렇게 범사에 감사하다는 것이 쉬운 일이 아닙니다. 그래서 성경은 우리에게 범사에 감사할 수 있는 비결을 가르쳐 줍니다. 에베소서 5장 20절에 보면 "범사에 우리 주 예수 그리스도의 이름으로 항상 아버지 하나님께 감사하며"라고 말씀합니다. 그리스도 예수 안에서 가능하다는 것입니다. 세상을 보거나 나에게 상처를 준 사람을 보면 감사할 수 없지만, 예수 안에서 예수님의 이름으로 감사하라는 것입니다.

### 삶으로의 초대

1. 감사 기도의 제목을 함께 나누어 봅시다.
2. 감사 목록을 작성한 후 나누어 봅시다.

## 기도로 아뢰기와 주기도

하나님, 아무리 우리가 살아가는 세상이 힘들어도 하나님의 백성답게 우리를 향한 하나님의 뜻인 항상 기뻐하고 쉬지 말고 기도하고 범사에 감사하며 살게 하여 주시옵소서. 예수 그리스도의 이름으로 기도합니다. 아멘.

# 제15과 믿음으로

주안점 / 믿음으로 기도할 때 그 기도는 응답을 받습니다.

**오늘의 믿음구호 외치기! _ "하나님을 믿는 믿음으로 나아갑시다!"**

**★ 본문말씀 _ 히브리서 11:1~6**

"믿음은 바라는 것들의 실상이요 보이지 않는 것들의 증거니"(1절).

**★ 함께 부르는 찬송 _ 찬송가 344장 1절**

1. 믿음으로 가리라 주님 가신 고난의 길 주님 말씀 붙잡고 승리하며 살아가리
   주님 앞에 나아가 무릎 꿇어 간구하고 겸손하게 주님 섬겨 새 힘을 얻으리라

## 생각으로의 초대

사도행전 2:17에 "하나님이 말씀하시기를 말세에 내가 내 영을 모든 육체에 부어 주리니 너희의 자녀들은 예언할 것이요 너희의 젊은이들은 환상을 보고 너희의 늙은이들은 꿈을 꾸리라." 고 하였습니다. 지금 내가 믿음으로 꿈꾸며 바라는 것은 무엇입니까?

나 ________(이)는 ____________________(을)를 소망합니다.

## 말씀으로의 초대

본문 말씀 "믿음은 바라는 것들의 실상이요 보이지 않는 것들의 증거니"(1절)는 믿음의 정의라고 생각하기보다는 믿음의 성격이라고 말하는 것이 옳을 것입니다. 다시 말하면 "믿음이 무엇인가?" 하는 것을 말하는 것이 아니라 "믿음이란 어떤 것인가?" 하는 것을 말하고 있습니다. 본문을 중심으로 우리의 생각 속에 있는 것을 구체화하려면 어떠한 믿음을 가지고 기도해야 하는지에 대해서 생각하고자 합니다.

### 1. 기도에는 전제 조건이 있습니다.

우리가 아무리 본문 말씀 그대로 믿음은 곧 바라는 것의 실상이라고 믿는다 해도 이 말씀과 우리의 믿음을 뒷받침해 줄 기본적 조건을 갖추지 못한다면 그것은 한낱 허황된 공상에 지나지 않습니다. 그 전제 조건은 무엇입니까? 그것은 기도하는 자가 먼저 예수님의 말씀 안에 거해야 한다는 조건입니다. 예수님께서는 이를 포도나무와 가지의 비유로 가르치셨습니다. 즉, 예수님은 포도나무이시고 우리는 가지이기에 우리가 많은 열매를 얻으려면 가지가 나무에 붙어 있어야 하듯이 우리는 예수님 안에 거해야만 한다는 것입니다(참조, 요 15:4-5). 달리 표현하면 기도의 내용이 하나님의 뜻에 맞아야 한다는 것이기도 합니다.

### 2. 기도의 내용을 구체화해야 합니다.

기도의 두 번째 단계로서 우리는 기도에 걸맞은 삶을 살아야 합니다. 기도의 내용을 실천하기 위하여 행동으로 옮겨야 합니다. 이제는 단지 머릿속에서 그리는 것이 아니라 행동으로 그 머릿속의 그림을 표현해야 합니다. 마치 연극에서 시나리오를 익히고 그 장면을 충분히 상상하고 극중 인물들의 성격이나 특징을 잘 소화한 다음 연극을 실제로 해 보듯이 기도자 역시 머릿속에 상상한 것을 이루기 위해 실천해야 합니다. 모든 것을 하나님의 역사하심에 맡기고 맨몸으로 부딪치는 것입니다. 자신이 간절히 원하는 것을 몇 마디 기도만 하고 앉아서 기다린다면 그 기도의 응답에 대해서 기대가 없는 것입니다. 배고픈 어린아이는 엄마가 젖을 줄 때까지 기다리는 법이 없습니다. 젖꼭지가 입에 닿을 때까지 계속 웁니다. 성도의 기도 자세도 마찬가지입니다. 만약 우리가 어떤 것을 원하고 기도한다면 우리의 생각과 행동이 동원되어야만 그것이 강력한 기도가 될 뿐 아니라 우리의 힘도 그것을 이루기 위해 집중적으로 모아지게 됩니다. 그래서 결국은 그 기도의 열매로 하나님의 응답을 듣게 되는 것입니다. 하나님께서는 이미 약속하신 말씀이 있기 때문에 우리의 믿음 있는 행동을 들어줄 수밖에 없습니다.

믿음은 아는 것하고는 다릅니다. 믿음은 인정하는 것만도 아닙니다. 믿음은 하나님께 나를 전적으로 맡기는 것입니다.

## 나는 기도에 걸맞은 삶을 살며 믿음으로 주님께 나아가고 있습니까?

### 삶으로의 초대

하나님의 뜻에 맞는 기도와 실천이 있어야 열매를 맺을 수 있습니다. 지금 내가 드리는 기도를 이루기 위해서 실천해야 할 과제는 무엇일까요?

1. ______________________________
2. ______________________________
3. ______________________________

## 기도로 아뢰기와 주기도

사랑의 하나님 아버지, 우둔한 우리를 믿음의 길로 인도하여 주심에 감사드립니다. 믿음의 눈으로 현재를 뛰어넘어 하나님이 준비하신 미래를 바라보고 믿음의 열매를 맺는 자의 삶을 살게 하여 주시옵소서. 예수 그리스도의 이름으로 기도합니다. 아멘.

# 제16과 서로 사랑하자

주안점 / 사랑이 하나님께 속한 사람의 특징임을 알고 사랑을 배우고 사랑의 삶을 살아갑시다.

**오늘의 믿음구호 외치기! _ "하나님을 알고, 하나님처럼 사랑합시다!"**

**★ 본문말씀 _ 요한일서 4:6~11**

"사랑하지 아니하는 자는 하나님을 알지 못하나니 이는 하나님은 사랑이심이라"(8절).

**★ 함께 부르는 찬송 _ 찬송가 218장 1절**

1. 네 맘과 정성을 다하여서 주 너의 하나님을 사랑하라
   네 몸을 아끼고 사랑하듯 형제와 이웃을 사랑하라
   주께서 우리게 명하시니 그 명령 따라서 살아가리

## 생각으로의 초대

최근에 스토커의 문제로 어려움을 겪은 여성에 대한 뉴스가 관심을 끌었습니다. 자신이 알지도 못하는 사람이 자신을 사랑한다는 이유로 쫓아다니고 괴롭히며 원하지 않는 행동을 함으로 두려움과 공포를 안겨 주었습니다. 그 사람이 그런 행동을 하는 이유는 "사랑한다, 관심의 표현이다!"라는 것이었습니다. 비단 이런 사건 외에도 비슷한 일들이 주변에서 늘 일어납니다. 자신이 사랑한다고, 자신이 좋아해서라고, 자신이 정의라고 상대방의 입장과 형편을 고려하지 않고 일방적으로 말하고 행동하는 모습들, 내가 국가를 사랑한다고, 내가 교회를 사랑한다고, 내가 가정을, 자녀를 사랑한다고 내 방식대로 사랑을 표현함으로 인해 감동을 받는 경우도 있지만 반대로 주변의 많은 사람들에게 아픔과 상처를 주는 결과를 낳게 되는 경우도 많습니다. 무엇이 문제일까요?

## 말씀으로의 초대

오늘 본문에서 하나님의 속성은 사랑이시라고 표현합니다. 이 표현을 이어서 단호하게 정의하고 있습니다. 다른 것을 다루지 않고 하나님의 사람이냐, 하나님께 속하였느냐의 여부에 기준을 두고 있습니다. 즉, 사랑하는 사람은 하나님의 사람, 사랑할 줄 모르는 사람은 하나님께 속하지 않은 사람이라는 것입니다. 기독교가 사랑의 종교라는 것은 의미인 동시에 이유입니다. 많은 사람들이 사랑과 정의, 또 기독교에 대한 믿음과 실천 등을 말하며 기독교의 본질에 대한 주장들을 하지만, 결국 모든 실천과 행위의 본질과 동기는 사랑이어야 한다는 것입니다. 그래서 예수님의 사랑으로 변화된 사도 바울의 고백은 "그 중의 제일은 사랑이라"(고전 13:13)입니다. 오늘 요한의 고백도 주님의 몸 된 교회에서의 하나님의 사람이라고 주장하는 사람들을 향하여 "사랑하느냐?", "하나님처럼 사랑하느냐?"를 묻고 있습니다.

하나님처럼 사랑하는 것이 사랑입니다. 죽을 수밖에 없는 죄인 된 사람들의 형편을 아셔서 직접 희생하기로 결단하시고 실제로 희생하신 실천이 주님의 사랑의 모범입니다. 오늘날 교회와 교회 지도자들, 그리고 성도들이 세상으로부터 근심의 대상이 되었습니다. 본질과 핵심을 잃어버렸기 때문입니다. 하나님이 아닌 자기중심과 자신의 이익을 위한 사랑의 변질, 그래서 부정과 부패가 끊이지 않습니다. 주님이 아닌 내 기준에 맞추어서 사랑과 정의라는 이유로 내가 희생하기보다는 타인을 희생시키고 고통을 주면서 그것을 하나님의 뜻인양 정당하다고 말하는 이들을 향해 오늘 말씀은 "사랑하지 않는 자!"라고, "하나님을 알지 못한다!"라고 단호히 말씀합니다. 사랑의 모범은 사랑할 만한 가치가 없고 하나님의 기준에 미달된 우리를 위해 사랑하는 아들까지 희생시키신 하나님의 사랑입니다.

하나님께 속하여 하나님처럼 사랑하는, 하나님의 자녀 된 어르신들이 되시길 바랍니다.

**내가 사랑하는 사람과 미워하는 사람을 생각해 보세요. 그 이유가 무엇인가요? 그리고 그 기준이 나의 기준이 아닌지 생각해 보세요.**
**하나님과 나의 사랑하는 기준과 방법의 유사점과 차이점을 솔직하게 말해 보시기 바랍니다.**

### 삶으로의 초대

하나님께서 먼저 우리의 죄악됨과 연약함을 알고 찾아오셨습니다. 우리 곁에 있는 우리 이웃, 친구들을 돌아보며 하나님께서 나를 사랑하신 것처럼 사랑하기 위해 실천하고 기도해 봅시다.

1) 내가 사랑하지 못하거나 미워하는 사람을 기록해 보고 그 이유에 대해서 써 보세요. 그리고 하나님이라면 사랑하시기 위해 어떻게 하실 지 사랑의 실천 방법을 써 보세요.

| 순번 | 대상자(이름 등) | 사랑하지 못하는 또는 미워하는 이유 | 하나님은 어떻게 하실까? |
|---|---|---|---|
| | | | |
| | | | |
| | | | |

2) 우리 곁의 이웃들 중에 사람들에게 사랑받지 못하는 사람, 외롭고 소외된 사람이 누가 있는지 기록해 보고 도울 수 있는 방법을 실천해 보세요.

| 순번 | 대상자(이름 등) | 사랑받지 못하는, 소외된 이유와 형편 | 내가 어떻게 도울 것인가? |
|---|---|---|---|
| | | | |
| | | | |
| | | | |

### 기도로 아뢰기와 주기도

하나님의 자녀인 저희가 세상 사람들처럼 저희 기준에 따라 사람들을 선별하고 저희 방식대로 사랑했습니다. 이제 저희가 하나님의 기준과 방법으로 사랑하게 하시고 세상에 하나님의 사랑을 드러내는 온전한 제자로 사랑하며 살게 하소서. 저희를 위해 십자가의 사랑을 보여 주신 예수 그리스도의 이름으로 기도합니다. 아멘.

# 제17과 초대교회의 풍경

주안점 / 나눔과 관심으로 건강한 교회를 만들어 갑니다.

**오늘의 믿음구호 외치기! _ "나눔과 관심을 통해서 하나님의 나라를 만듭시다!"**

**★ 본문말씀 _ 사도행전 2:43~47**

"하나님을 찬미하며 또 온 백성에게 칭송을 받으니 주께서 구원 받는 사람을 날마다 더하게 하시니라"(47절).

**★ 함께 부르는 찬송 _ 찬송가 210장 1절**

1. 시온성과 같은 교회 그의 영광 한없다
   허락하신 말씀대로 주가 친히 세웠다
   반석 위에 세운 교회 흔들 자가 누구랴
   모든 원수 에워싸도 아무 근심 없도다

## 생각으로의 초대

어떤 목사님이 택시를 탄 후, 택시 기사님에게 물었습니다. "혹시 기사님, 교회 다니세요?", "교회요? 예전에는 몇 번 가 봤는데, 영 아니었습니다. 아주 못된 사람들이 하도 많아서 정나미가 떨어져서 그 후론 두 번 다시 안 갑니다. 기독교인들이 더 이기적인 것 같습니다. '사랑하라' 하고 말하면서 사랑이 없었습니다.", "아 그러셨군요. 저도 기사님 입장이었다면 충분히 그랬을 겁니다. 이해가 갑니다. 하지만, 이렇게 한번 생각해 보세요. '교회는 목욕탕과 똑같다. 교회는 세상 죄를 씻어 내기 위하여 가는 곳이다.' 기사님이 목욕탕에 들어가시면 이제 막 옷을 벗는 사람, 탕에 들어가기 전에 샤워하는 사람, 탕에 들어가 때를 불리는 사람, 때를 벗기기 시작하는 사람, 때를 벗기고 샤워로 마무리하는 사람, 나와서 머리를 말리고 있는 사람 등 정말 다양한 사람이 있습니다. 목욕탕처럼 교회에도 다양한 사람이 있답니다. 이제 막 죄를 아는 사람, 죄를 씻기 위해 말씀으로 불리는 사람, 죄를 씻어 내는 사람, 죄를 씻고 헹구는 사람, 그리고 깨끗해진 사람 등 다양하답니다. 교회는 더러운 죄를 씻는 곳입니다. 그런데 기사님의 눈에 들어온 사람들은 이제 때를 벗기려는 사람들이었을 것입니다. 그들도 나름대로 말씀으로 때를 벗기고 있는 과정에 있는 사람입니다. 이렇게 이해해 주십시오. 그런 사람들 때문에 하나님도 만나지 못하고, 하나님과 상관없이 사는 것은 너무 억울한 일이잖아요. 교회는 하나님을 만나고 예수님을 통해서 죄의 때를 벗기고 행복한 삶을 살다가 천국에 가는 꿈을 꾸는 곳입니다. 그래서 교회는 목욕탕과 같은 곳입니다. 그러니 꼭 교회를 다니십시오."라고 했답니다.

교회는 완전한 사람만 다니는 곳이 아닙니다. 완전하지 않은 사람들이 완전한 하나님의 나라를 이루어 가는 신앙 공동체입니다. 우리가 어떻게 하면 교회에서 하나님의 나라를 이룰 수 있을까요?

## 말씀으로의 초대

사도행전 2장에는 제자들이 성령 충만을 통해서 교회 공동체가 시작된 내용이 나옵니다. 이렇게 시작된 교회 안에 놀라운 일이 일어났습니다. 믿는 사람들 다 함께 모든 물건을 서로 공동으로 소유하였습니다. 또 재산과 소유를 팔아서 각 사람에게 필요한 대로 나누어 주었습니다. 그리고 날마다 한마음으로 성전에 열심히 모이고, 집집마다 돌아가면서 빵을 떼며, 순전한 마음으로 기쁘게 음식을 먹고, 하나님을 찬양하였습니다. 그러자 사람들로부터 호감을 얻었으며 주님께서는 구원받는 사람을 날마다 더하여 주셨습니다. 교회가 부흥하게 되었고 하나님의 나라가 이 땅에서 실현되었습니다.

초대교회 교인들은 어떻게 교회를 하나님의 나라로 만들었을까요?

### 1. 내 것에 대한 욕심이 없었습니다.

초대교회는 공동소유의 삶이 있었습니다. 즉, 내 것에 대한 집착이 없었다는 것입니다. 우리는 젊은 시절에는 '내 것'에 대한 집착을 가지고 살았습니다. 그러나 이제 '내 것'에 대한 집착을 버리고 '우리의 것'에 대한 관심을 가져야 합니다. 즉, 내 안에 있는 욕심을 버려야 합니다. 우리가 내 것에 대한 욕심을 가지고 60년, 70년을 살았기에 욕심을 버리는 것이 쉽지 않습니다. 잘 생각해 보면 우리가 세상에서 그렇게 집착하며 내 것으로 만들었던 것들은 천국으로 가져갈 수 없습니다. 그러므로 천국을 바라보고 사는 우리는 특히 교회 안에서 욕심을 버릴 줄 아는 모습을 보여 주어야 합니다. 그때 우리를 통해서 하나님의 나라를 이룰 수 있습니다.

### 2. 타인에 대한 관심을 가져야 합니다.

초대교회는 다른 사람이 어떻게 사는지 관심을 가졌으며, 자신의 재산을 팔아서 필요한 사람에게 나누어 주었습니다. 참 멋진 모습입니다. 타인에 대한 관심이 없다면 이렇게 할 수 없었을 것입니다. 우리는 나이가 들수록 넓은 시야를 가지고 다른 사람이 어떻게 살고 있는지, 혹시 어렵게 사는 사람이 없는지 볼 수 있는 눈을 가져야 합니다. 지금까지 내 삶에만 관심을 가지고 살았다면 이제는 타인에 대한 관심을 가지고 살아야 합니다. 우리가 타인에 대한 관심도를 높일 때, 나눔의 삶을 실천할 수 있으며, 그런 모습을 통해서 교회 안에서 하나님의 나라를 이룰 수 있습니다.

두 가지를 꼭 기억합시다. 첫째, 내 것에 대한 욕심을 버리고, 둘째, 타인에 대한 관심을 가지는 것입니다. 이렇게 해서 건강한 교회를 만들어 가는 교회의 어른들이 되시기를 바랍니다.

## 삶으로의 초대

**〈마음 관리법〉**

나이가 들수록 삶에서 가장 중요한 것이 '평안'이라는 것을 알게 됩니다. 돈이 아무리 많아도 '평안'이 없으면 불행하지만, 가난해도 '평안'이 있으면 행복합니다. 그런데 평안은 마음에서 옵니다. 그러면 나이가 들수록 마음을 관리하는 것이 중요합니다. 아래의 내용을 매일 읽으며 마음을 관리하시기 바랍니다.

● 6가지 마음관리법

1. 격앙된 감정을 다스리자:우리는 여러 가지 감정을 가지고 있습니다. 여러 감정 중 격앙된 마음을 통제하면 마음을 관리할 수 있다는 것입니다.
2. 주의력을 유지하자:어떤 일이든지 집중력을 가지라는 것입니다. 어떤 일에 '몰입'하는 능력을 가지면 마음을 다스릴 수 있다는 것입니다.
3. 멈추어야 할 때 제동을 걸자:마음의 브레이크를 거는 능력을 가지라는 것입니다.
4. 작업 기억 능력을 향상시키자:인간의 뇌는 정보를 분석, 처리, 행동하는 능력을 가지고 있습니다. 그래서 뇌 작용을 활발히 하면 마음도 관리할 수 있다고 합니다.
5. 유연하게 방향을 전환하자:어떤 일이든지 항상 방향 전환을 하는 훈련을 하면, 마음도 관리할 수 있는 능력을 갖게 된다는 것입니다.
6. 통합적으로 실행하자:어떤 일이든지 체계적이고 통합적으로 처리하는 습관을 가지라는 것입니다.

## 기도로 아뢰기와 주기도

사랑과 은혜의 하나님, 늘 삶 가운데 함께해 주셔서 감사드립니다. 이제는 내 것이 아닌 우리의 것에 관심을 가지며 살게 하시고, 다른 사람이 어떻게 살아가는지 관심을 가지고 나의 것을 나누는 실천의 삶을 살게 하여 주옵소서. 예수 그리스도의 이름으로 기도합니다. 아멘.

# 제18과 나의 눈물, 하나님이 닦아 주십니다

주안점 / 이 땅에서는 외롭고 아파서 울지만,
천국에서는 하나님이 나와 함께 계셔서 나의 눈물을 닦아 주십니다.

**오늘의 믿음구호 외치기! _ "나의 눈물, 하나님이 닦아 주십니다!"**

**★ 본문말씀 _ 요한계시록 21:1~4**

"모든 눈물을 그 눈에서 닦아 주시니 다시는 사망이 없고 애통하는 것이나 곡하는 것이나 아픈 것이 다시 있지 아니하리니 처음 것들이 다 지나갔음이러라"(4절).

**★ 함께 부르는 찬송 _ 찬송가 491장 2절**

2. 괴롬과 죄가 있는 곳 나 비록 여기 살아도 빛나고 높은 저곳을 날마다 바라봅니다
내 주여 내 맘 붙드사 그곳에 있게 하소서 그곳은 빛과 사랑이 언제나 넘치옵니다

## 생각으로의 초대

일본인 미즈노 겐조의 「감사는 밥이다」라는 책에 나오는 "힘들지 않았다면"이라는 제목의 시입니다.

만약 내가 힘들지 않았다면
하나님의 사랑을 몰랐을 테지
만약 많은 형제자매가 힘들지 않았다면
하나님의 사랑을 전하지 못했겠지
만약 주 되신 예수님이 고난 받지 않으셨다면
하나님의 사랑을 나타낼 수 없으셨겠지

미즈노 겐조는 초등학교 4학년인 11세에 예기치 않은 뇌성마비로 전신마비는 물론 언어 능력도 상실하게 됩니다. 그로부터 4년 후, 마을에서 전도활동을 하던 미야오 목사를 통해 그 가정이 하나님의 복음을 듣게 되었습니다. 미즈노 겐조는 성경을 읽으면서, 자신이 살아 있어야 하는 존재 의미를 발견하게 되었고, 그리스도를 자신의 구주로 영접했습니다. 그가 감정을 표현하는 방법은 얼굴에 웃음을 지어 보이는 것과 눈을 깜박이는 것뿐이었습니다. 미즈노 겐조의 시는 눈 깜박임으로 한 자씩 지시된 말을 먼저 종이에 필기하고, 그 뒤 어머니 우메지 씨나 제수 아키코 씨를 통해 노트로 옮겨 적어 만들어졌습니다. 겐조가 시를 짓는 작업은 얼마나 어려운지 모릅니다. 손으로 글을 쓰지 못하고 입으로 말을 할 수 없기 때문에 벽에 한글의 '가나다라마…'에 해당되는 일본글자를 표로 만들어 걸어 놓고 어머니가 한 글자씩 차례대로 짚어 가는 도중에 자기가 생각하고 있는 글자를 짚게 되면 눈짓으로 알려서 한 자, 한 자 맞추어 나갑니다. 이처럼 시를 짓는 일이 힘들고 어려운 작업이지만, 그는 하나님을 찬양하며 하나님의 사랑을 전하고 싶어서 시를 쓴다고 말합니다. 이렇게 힘들게 쓴 시 170여 편이 담긴 시집, 「내 은혜가 네게 족하다」는 일본에서 베스트셀러가 되었고, 지금도 많은 사람들에게 감명을 주고 있습니다. 우리나라에는 「감사는 밥이다」라는 제목의 책으로 번역되어 나왔습니다.

내 삶에서 가장 큰 괴로움과 고통은 무엇인가요? 괴로움과 고통들을 어떻게 이겨 나가나요? 괴로움이나 고통이 주는 유익도 있나요? 내가 겪는 고통이 유익이 되기 위해서 내가 힘써야 할 일들은 무엇일까요?

## 말씀으로의 초대

### 1. 이 땅이 아니라 새 하늘, 새 땅입니다.

그리스도인이 영원히 살 곳은 이 땅이 아닙니다. 새 하늘, 새 땅 '천국'입니다. 예수님은 요한복음 14장 2~3절에서 "내가 너희를 위하여 거처를 예비하러 간다"고 하셨습니다. '너희를 위하여 거처를 예비하면 내가 다시 와서 너희를 내게로 영접하여 나 있는 곳에 너희도 있게 하겠다'고 하셨습니다. 부활 승천하신 예수님, 재림하셔서 우리를 새 하늘 새 땅, 천국으로 인도하십니다. "내가 곧 길이요 진리요 생명이니 나로 말미암지 않고는 아버지께로 올 자가 없느니라"(요 14:6). 예수님의 말씀입니다. 예수님을 믿고 구원받은 성도는 새 하늘, 새 땅에 들어갑니다. 새 하늘, 새 땅은 이 땅과는 완전히 다릅니다. 처음 하늘 처음 땅, 즉 이 땅은 없어집니다. 하나님께서 구원받은 성도들을 위해 준비해 놓으신 거룩한 성, 새 예루살렘 천국입니다.

### 2. 나의 눈물, 하나님이 닦아 주십니다.

천국은 하나님이 완전하게 그리고 영원히 함께 계신 곳입니다. 이 땅은 악의 세력들이 공존합니다. 그래서 예수님을 믿고 구원받아 이미 천국을 이루었지만, 아직 천국이 완성되지는 않았습니다. 그래서 우리는 여전히 외롭고, 아프고, 애통하고, 죽을 수밖에 없습니다. 그러나 천국은 악의 세력은 없고 하나님이 완전히, 그리고 영원히 함께 계십니다. 하나님이 나와 함께 계시니 외롭지 않습니다. 하나님이 나와 함께 계시니 아프지 않습니다. 애통하는 일이 없습니다. 사망이 없습니다. 곡하는 일이 없습니다. 출애굽한 이스라엘 백성들에게 하나님은 '장막'(성막)을 짓게 하십니다. "내가 너희들과 함께 한 집에서 살고 싶다." 그래서 지어진 것이 성막, 오늘의 성전입니다. 우리는 성전에서 천국을 경험합니다. 성전에 나와 예배드릴 때 하나님이 나의 눈물을 닦아 주십니다. 이 땅에서 사는 그리스도인에게 가장 큰 소망은 '천국'입니다. 이 땅에서는 눈물 없이 살 수 없지만 천국에 가면 이 땅에서 흘린 나의 눈물을 하나님이 닦아 주십니다. 결혼식의 신부처럼 아름답게 잔치를 즐기며 살게 될 것입니다. 성전 예배를 통해 천국을 경험하고, 천국을 소망하면서 천국을 준비해야 합니다.

### 삶으로의 초대

"내 영혼이 은총 입어"(찬송가 438장) 찬양의 가사를 바꾸어 불러 봅시다.

– 진행방법

① '내 영혼이 은총 입어' 찬송을 불러 봅니다.

② 가사를 바꾸어 봅니다.

1절은 이 땅에서 고통으로 인한 눈물을,

2절은 나의 눈물 닦아 주시는 하나님 계신 천국을,

3절은 예배를 드리면서 천국을 경험하고 천국을 준비하는 내용의 가사를 만들어 봅니다.

③ 바꾼 가사로 찬송을 부릅니다.

### 기도로 아뢰기와 주기도

하나님 아버지! 하나님의 은혜로 예수님을 믿고 구원받아 하나님의 자녀로 살게 하시니 감사합니다. 그러나 외롭습니다. 아픈 곳도 많습니다. 남모르게 울 때도 있습니다. 그러나 이 땅에서 흘린 나의 눈물을 하나님이 친히 닦아 주시는 천국에 소망을 두고 살겠습니다. 예배를 충실하게 드려 천국을 경험하고 소망하며 살겠습니다. 예수 그리스도의 이름으로 기도합니다. 아멘.

## 추수감사절 – 당신의 낫을 들어 추수하소서

주안점 / 추수감사절은 현재의 추수를 감사하는 것과 동시에
마지막 추수의 때를 소망 중에 기다리는 것임을 기억합시다.

**오늘의 믿음구호 외치기! _ "받은 은혜에 감사하고, 영원한 추수를 소망합시다!"**

**★ 본문말씀 _ 요한계시록 14:14~16**

"또 내가 보니 흰 구름이 있고 구름 위에 인자와 같은 이가 앉으셨는데 그 머리에는 금 면류관이 있고 그 손에는 예리한 낫을 가졌더라 또 다른 천사가 성전으로부터 나와 구름 위에 앉은 이를 향하여 큰 음성으로 외쳐 이르되 당신의 낫을 휘둘러 거두소서 땅의 곡식이 다 익어 거둘 때가 이르렀음이니이다 하니 구름 위에 앉으신 이가 낫을 땅에 휘두르매 땅의 곡식이 거두어지니라"(14-16절).

**★ 함께 부르는 찬송 _ 찬송가 587장 4절**

4. 주여 어서 오셔서 우리 거둬 주소서 죄와 슬픔 중에서 우리 건져 주소서
모든 성도 영원히 하늘 집에 이르러 천군 천사 어울려 추수 찬송 부르리 아멘

## 생각으로의 초대

리빙스턴은 세기의 위대한 그리스도인이자 선교사였습니다. 그는 아프리카에서 선교 사역을 감당하다가 하나님의 부르심을 받아 죽었습니다. 그의 시신은 영국으로 옮겨져 웨스트민스터 사원에 안장되었습니다. 그때 많은 사람들이 그에게 경의를 표하기 위해 거리로 나왔습니다. 그런데 어떤 노인이 군중들 뒤에 홀로 서서 가슴을 치며 슬피 울고 있었습니다. 그 노인은 다름 아닌 리빙스턴의 친구 윌리엄이었습니다. 그는 리빙스턴이 아프리카 선교사로 가겠다고 나섰을 때 '미친 사람'이라고 말했던 사람이었습니다.

그는 리빙스턴의 장례식에 참석하여 이렇게 고백했습니다. "리빙스턴은 아프리카에서 고생하고 살았지만 많은 사람의 사랑을 받고 많은 사람이 지켜보는 가운데 이 세상에서 사라지는구나. 그러나 나는 비록 부자라고 말할 수 있으나 소망 없는 세상을 위해서만 살았으니 얼마나 부끄러운가?"

**우리 인생은 어디에 소망을 두고 무엇을 위해 살아야 할까요? 내 인생의 마지막 순간에 추수하시는 하나님께 무엇을 내놓을 수 있을까요?**

## 말씀으로의 초대

### 1. 받은 은혜에 감사합니다.

추수감사절은 한 해 동안 하나님께서 베풀어 주신 은혜에 감사하는 절기입니다. '여기까지 우리를 도우신 에벤에셀의 하나님의 은혜가 없었다면 여기까지 올 수 있었을까?' 하고 생각해 보면 아찔했던 순간들이 한두 번이 아니었음을 고백하게 됩니다. 그러나 받은 은혜를 감사할 때 한 가지 조심해야 할 것이 있습니다. 승자의 외침이 되지 말아야 합니다. '다른 사람은 그저 그런데 나는 잘 됐다. 내 자식은 잘 됐다. 우리 집안은 잘 됐다.'와 같은 감사입니다. 감사는 처지와 형편과 환경이 '그러함에도 불구하고' 감사하는 것이기 때문입니다. 하나님이 나의 구원자 되시며, 동행자 되시며, 기쁨의 근원 되심을 고백하는 감사입니다.

### 2. 받을 은혜에 감사합니다.

인생의 황혼은 추수의 때가 가까워지고 있다는 뜻입니다. 나는 하나님께 알곡으로 드려질 것인가? 아니면 쭉정이로 드려질 것인가? 아마도 나는 알곡으로 드려질 수 있다고 자신할 수 있는 삶이 많지는 않을 것입니다. 악한 사람과 선한 사람을 결정적으로 갈라놓는 일은 마지막 때에 가서 일어날 것입니다. 누구나 살아 있는 동안에는 선하다가도 악해질 수 있고, 악하다가도 선해질 수 있습니다. 인간은 가변적인 존재입니다. 아니 모든 인간은 선인인 동시에 악인이라고 하는 것이 보다 정확한 표현입니다. 그러므로 "가만 두어라. 가라지를 뽑다가 밀까지 뽑으면 어떻게 하겠느냐?"는 우리 주님의 말씀이 얼마나 감사한지 모르겠습니다. 끝이 좋아야 다 좋은 것입니다. 하나님께서 마지막 날에 추수하실 때 우리 모두 알곡이 되기를 간절히 소망합니다.

나는 마지막 날의 영적 추수를 위해 어떤 거룩한 삶을 준비하고 있습니까?

### 삶으로의 초대

하나님께서 우리에게 원하시는 감사는 매일매일 베풀어 주시는 은혜에 감사하며, 그 은혜를 통해서 우리의 삶이 알곡이 되어 가는 것입니다. 이른비와 늦은비가 내리고 햇볕을 충분히 받으면 달고 상큼한 열매들이 풍성히 맺히는 것처럼, 우리 인생도 하나님의 은혜의 단비가 촉촉이 젖어들 때 삶의 자리마다 알곡으로 익어 갈 것입니다. 우리가 어떻게 삶의 연약한 부분마다 하나님의 은혜를 간구하며, 그 삶에 거름을 주고 땀을 흘리며 돌보아야 할지 살펴봅시다.

## 기도로 아뢰기와 주기도

늘 은혜를 베풀어 주시는 주님. 주님께 알곡으로 드려질 수 있도록 도우소서. 이른비와 늦은비를 허락하소서. 그 은혜로 우리의 삶이 더욱 익어 가게 하소서. 예수 그리스도의 이름으로 기도합니다. 아멘.

# 성탄절-성탄의 기쁨

주안점 / 예수님의 오심은 우리에게 대속과 임재의 기쁨을 주시기 위해서입니다.

**오늘의 믿음구호 외치기! _ "성탄의 기쁨으로 예수님을 맞이합시다!"**

**★ 본문말씀 _ 마태복음 1:21**

"아들을 낳으리니 이름을 예수라 하라 이는 그가 자기 백성을 그들의 죄에서 구원할 자이심이라 하니라"(21절).

**★ 함께 부르는 찬송 _ 찬송가 95장 1,5절**

1. 나의 기쁨 나의 소망 되시며 나의 생명이 되신 주 밤낮 불러서 찬송을 드려도 늘 아쉰 마음 뿐일세
5. 나의 진정 사모하는 예수님 음성조차도 반갑고 나의 생명과 나의 참 소망은 오직 주 예수뿐일세

## 생각으로의 초대

제1차 세계대전이 벌어지고 있을 때의 일입니다. 100미터 거리를 두고 영국군과 독일군이 대치하고 있었습니다. 치열한 총격전으로 많은 동료들이 죽었고, 남은 병사들은 참호 속에서 잠시 숨을 돌리고 있었습니다. 그런데 독일군 병사 하나가 나지막하게 노래를 부르기 시작했습니다. "고요한 밤, 거룩한 밤~" 그 노랫소리가 어둡고 긴 전선의 참호 위로 울려 퍼졌습니다. 말없이 귀를 기울이던 병사들은 누가 먼저랄 것도 없이 따라 부르기 시작했고, 노래는 곧 합창이 되었습니다. 이상한 감동이 그들을 사로잡았습니다. 어리둥절하던 영국군 진영에서 박수 소리가 울려 나왔습니다. 그러자 독일군 병사 하나가 몸을 드러낸 채 큰 소리로 외쳤습니다. "메리 크리스마스, 영국 신사들! 우리는 총을 쏘지 않겠으니, 당신들도 총을 쏘지 마시오!" 한 병사가 참호 위에 쌓아올린 흉벽 위에 불을 밝힌 초를 올려놓자 잠시 후 곳곳에 초가 밝혀졌습니다. 크리스마스 이브였습니다. 양쪽 진영의 병사들은 그때부터 총을 내려놓았습니다. 휴전이 이루어진 것입니다. 그들은 이후에 서로 만나 이야기도 나누고 축구도 함께 했습니다. 그리고 두 전선 사이 무인지대에 널려 있던 시신들을 함께 묻어 주었습니다. 서로의 생명을 소중히 여기기 시작했습니다. 성탄절이 만들어 낸 기적입니다.

만일 내가 이와 같은 상황에 처한다면 어떤 마음이 들었을까요?

하나님은 □□□ 당신을 통해 일하기를 원하십니다.

## 말씀으로의 초대

### 1. 찾아오신 기쁨입니다.

예수님의 탄생은 찾아오신 기쁨입니다. 죄로 인해 죽어야 할 우리들을 위해 예수님이 오셨습니다. 예수님은 대속제물이 되셔서 십자가에서 죽으심으로 죄인 된 우리들을 구원하셔서 우리가 하나님의 자녀가 되고 천국백성이 되게 하셨습니다. 하나님이신 예수님이 사람의 몸을 입고 땅에 찾아오신 사건이 예수님의 탄생입니다. 동정녀 마리아가 성령으로 잉태되어 태어나신 아기 예수님은 구원자이신 그리스도이십니다. 하늘의 천사들이 목자들에게 알려 주었고, 동방박사들이 하늘의 큰 별을 통해 알게 되었습니다. 목자와 동방박사들은 예수님을 찾아 경배하였습니다. "그들이 별을 보고 매우 크게 기뻐하고 기뻐하더라 집에 들어가 아기와 그의 어머니 마리아가 함께 있는 것을 보고 엎드려 아기께 경배하고 보배합을 열어 황금과 유향과 몰약을 예물로 드리니라"(마 2:10-11). 우리도 예수님께서 나를 구원하시기 위하여 오셨음을 믿고 경배할 때 기쁨이 있습니다.

### 2. 함께하시는 기쁨입니다.

예수님의 탄생은 우리와 함께하시는 기쁨입니다. 구원이라는 것은 하나님이 나와 함께하시는 임마누엘입니다. 로마서 3:23에는 "모든 사람이 죄를 범하였으매 하나님의 영광에 이르지 못하더니"라고 했습니다. 죄인들은 하나님을 떠났고 버림을 받았기에 하나님의 은혜를 받을 수가 없습니다. 그러나 하나님이 보내신 구원자 예수님과 십자가의 사건을 믿을 때에 우리는 죄 사함을 받고 성령을 선물로 받게 됩니다. 베드로의 설교를 들은 죄인들이 "어떻게 할꼬?" 할 때 베드로는 구원의 방법을 알려 주었습니다. "회개하여 각각 예수 그리스도의 이름으로 세례를 받고 죄 사함을 받으라"(행 2:38). 그렇습니다. 우리가 예수님을 믿고, 죄 사함을 받아 성령을 선물로 받으면 하나님이 함께하시는 기쁨을 누리게 됩니다. 성탄의 기쁨은 예수님이 나와 함께하시는 것입니다. 세상 사람들이 모두 나를 떠나도 주님은 나와 함께하십니다. 함께하시는 하나님이기에 우리는 하나님의 자녀이고 천국백성입니다. 하나님이 나를 지키시고 보호해 주십니다. 하나님만 바라보는 신자는 누구든지 살 수 있습니다. 살아 있는 영이 되는 기쁨으로 사는 것입니다. 예수님이 나와 함께하심을 믿고 살아 있는 영으로 살 때 기쁨이 있습니다.

### 삶으로의 초대

**〈산타클로스 할아버지 이야기〉**

4세기 경, 터키에 성 니콜라우스라는 주교는 남몰래 선행을 많이 했습니다. 한번은 너무 가난해서 결혼하지 못하는 세 자매의 집을 도와주기로 결심하고 아무도 모르게 금 주머니를 굴뚝으로 떨어뜨렸다고 합니다. 그런데 신기하게도 그 금덩이는 자매들이 벽에 걸어둔 양말 속으로 들어갔고, 그 금덩이로 세 자매는 결혼을 했다고 합니다. 그래서 양말을 걸어 두는 풍습이 생겼고, 산타클로스가 굴뚝으로 들어온다는 생각을 하게 되었다고 합니다. 성 니콜라우스 주교가 죽은 후에 프랑스 수녀들이 성 니콜라우스가 과거 행했던 것처럼, 가난한 아이들에게 선물을 주었고 그 풍습이 유럽은 물론 아메리카로도 확산되었습니다. 그리고 성 니콜라우스라는 이름이 '산테 클라스', '산타클로스'가 되었다고 합니다. 성 니콜라우스는 예수 그리스도를 믿는 사람으로서 예수 그리스도로부터 받은 구원의 기쁨을 다른 사람에게 전해 준 사람이었습니다. 성탄의 계절은 하나님께서 주신 구원의 기쁨과 감격을 이웃들에게 나눌 수 있는 복된 시간입니다. 이것이 예수님의 성탄을 맞이하는 자들의 기쁨입니다.

**〈삶으로의 실천 활동–축복의 마음 전달하기〉**

1. 준비물:공(손수건 등)
2. 방법:

① 원을 만들어 서로 얼굴이 보이도록 앉습니다.

② 교사가 공을 들고 오른쪽 사람에게 축복의 말을 합니다. (예:"당신은 하나님이 사랑하시는 분입니다.")

③ 축복의 말을 하며 오른쪽 사람에게 공을 전달합니다.

④ 지도자는 다시 한 번 왼쪽으로 축복의 말과 공을 전달합니다.

## 기도로 아뢰기와 주기도

사랑의 하나님, 죄 많은 저희들이지만 아기 예수로 우리를 친히 찾아오신 은혜에 감사드립니다. 이제는 우리 삶 가운데 예수님이 함께하시기에 두려워하거나 걱정하지 않습니다. 예수님이 우리 안에서 힘을 주시기에 불안해하지도 않습니다. 예수님의 은혜로 늘 풍성하여 베풀게 하시는 삶을 살도록 하옵소서. 예수 그리스도의 이름으로 기도합니다. 아멘.

노년을 위한 교육목회 시리즈 (Ⅲ－2)

# 말씀 청춘

초판인쇄　2020년　7월　20일
초판발행　2020년　7월　30일

편집인　대한예수교장로회총회교육자원부
　　　　총무 김명옥
주소　03128 / 서울특별시 종로구 대학로 3길 29 총회창립100주년기념관
전화　(02) 741－4356 / (F) 741－3477
홈페이지　www.edupck.net

발행인　채형욱
발행소　한국장로교출판사
주소　03129 / 서울 종로구 대학로 19, 409(연지동, 한국기독교회관)
전화　(02) 741－4381 / (F) 741－7886
영업국　(031) 944－4340 / (F) 944－2623
등록　No. 1－84(1951. 8. 3.)

감　　수　류영모　　　　요　　목　홍정근
집 필 자　강무순 김경호 김승민 김승학 김종균 김후식 신동설 안재평 안현수
　　　　　오창우 윤여민 이선재 이언구 이희수 정해우 조혜민 홍정근
전체기획　이진원, 강푸름
출판편집　오원택, 김은희, 이가현　　표지 · 본문 디자인　최종혜

※ 이 출판물은 저작권법에 의해 보호를 받는 저작물이므로 무단전재와 무단복제를 할 수 없습니다.